한국인의 발달과업

DEVELOPMENTAL
TASKS OF KOREANS

여태철 · 김인규 · 윤경희 · 이성진
임은미 · 임진영 · 황매향 공저

학지사

🌱 머리말

　사람은 누구나 인생의 한 시점에 서서 자신이 지금 무엇을 해야 하는가를 고민한다. 이는 각 연령대에 해당하는 할 일들이 있으며, 그중 어떤 일은 반드시 그 시기에 해야 할 일이기 때문이다.

　발달심리학자들은 인간의 발달은 근본적으로 연속적인 과정이 기는 하지만 발달의 단계에 따라 서로 다른 특징적인 변화가 일어 난다고 주장한다. 이러한 변화는 시간이 흐르면서 자동적으로 일 어나는 변화라기보다는 개인이 자신이 속한 사회문화 속에서 정상 적인 생을 영위하기 위하여 요구받는 변화라고 할 수 있다. 이런 변 화에 대한 요구는 개체의 성숙이나 생물적 · 사회적 · 심리적 발달 욕구 등 내적인 변화와 사회문화적인 규범, 전통 등 외부에서의 요 구가 상호작용하여 형성되는 것으로서, 발달과업(developmental tasks)이라고 불린다.

　발달과업이란 말을 처음 사용한 Havighurst는 발달과업은 개인 의 생애 중 어떤 특정 시기에 요구되는 과업으로서 그 과업을 원만 하게 성취하면 행복을 누리고 후일에 마주하게 될 다른 과업도 성 공적으로 치러 나가게 되지만, 만일 이에 실패하면 개인적으로 불 행을 겪을 뿐 아니라 사회에 적응하기도 어렵고 후일에 겪게 될 다 른 과업도 잘 수행할 수 없게 된다고 말한다. 발달과업은 사회의 요구에 의해 형성되기에 그 내용은 시대와 사회·문화에 따라 달라진다. 또한 동일한 사회 안에서도 개인의 조건에 따라 구체적인 발달과업이 다를 수 있다. 그러므로 특정 사회에 속한 구성원들의 발달과업 내용을 설정하기 위해서는 그 사회가 구성원의 발달단계에 따라 요구하는 것이 무엇인지 분석하는 것이 선행될 필요가 있다.

우리나라의 경우 1982년에 김종서 등이 교육학 분야 전문가들의 의견을 수렴하여 Havighurst보다 발달단계를 좀 더 상세히 구분하고 발달과업의 내용을 지적 영역, 정의적 영역, 사회적 영역, 신체적 영역으로 구분하여 한국인의 발달과업을 제시하였다. 이 발달과업은 교육학의 관점에서 구성되어 학교교육의 목적과 유사한 부분이 있다.

이전 학자들의 발달과업이 학교교육의 목표와 유사하게 구성되어 있는 것과는 달리 이 책에서 제시하는 발달과업은 한국인이 지각하는 발달과업을 실증적으로 파악하여 이를 토대로 보다 넓은 의미의 발달과업을 추출해 낸 결과물이다. 따라서 이 책에서 제시하는 발달과업은 그 내용 면에서 학교교육과 관련된 것뿐 아니라 학교교육을 벗어난 것까지 포함하고 있다.

이 책에서 제시하는 발달과업들은 필자들의 공동연구의 산물로서 지적, 정서적, 도덕성, 진로, 기본 생활능력, 성·결혼 및 가족 내 역할 인식의 7개 영역을 아우르고 있으며, 각 영역별로 유아기, 아동기, 청소년기, 20대, 30대, 40대, 50대 및 60대 이후의 8단계로 발달과업을 제시하고 있다. 각 영역별, 연령단계별로 중요한 발달과업들은 일반인을 대상으로 한 설문조사 결과에 의해 도출된 것이다. 이 책의 본문에서 제시한 내용은 과업들 중 비슷한 것을 묶어서 과업의 이름을 붙이고 그 과업 내용들을 풀어서 쓴 것이다. 영역별, 연령단계별 구체적인 발달과업의 항목들은 발달과업 목록의 체크리스트를 참조하면 된다.

필자들이 한국인의 발달과업에 관심을 갖고 공동으로 연구했던 시점이 지금으로부터 수년 전의 일이기에 여기서 제시한 발달과업들이 현재의 사회 현실과 부합하지 않는 점이 있을 수도 있다. 발달과업 자체가 개인이 속한 시대와 문화에 상당히 의존하고 있기에 시대적·사회문화적 보편타당성의 문제가 제기될 수밖에 없으며 이 책도 그러한 한계를 갖고 있다. 그러나 필자들은 이 책을 기초 삼아 한국인의 발달과업에 관한 후속연구나 학문적 담론이 활성화되고, 한국인의 발달과업에 대한 관심이 확대되기를 기대한다.

마지막으로, 이 책의 출간을 인내하며 기다려 준 학지사 관계자들께 감사의 마음을 전한다.

2023년 2월
대표 저자 여태철

차례

7장

가족 내 역할 인식
발달과업 · 155

1. 유아기 _ 157
2. 아동기 _ 159
3. 청소년기 _ 160
4. 20대 _ 161
5. 30대 _ 163
6. 40대 _ 164
7. 50대 _ 166
8. 60대 이후 _ 167

발달과업 목록 영역별 발달과업 체크리스트 / 169

1장

지적 발달과업

지적 능력은 추상적 사고를 수행하는 능력으로 정의하기도 하고, 진실 혹은 사실이라는 관점에서 보아 좋은 반응을 하는 힘으로 정의하기도 한다. 다양한 지능의 정의들은 다음과 같이 크게 네 가지로 분류할 수 있다(황정규, 2010). 첫째, 지능의 적응적 성질을 강조하여 지능을 전체 환경에 대한 적응능력, 생활의 새로운 문제 및 새로운 상황에 대한 일반적인 정신적 적응능력으로 정의하려는 것, 둘째, 지능은 학습하는 능력과 같은 개념으로 보려는 정의로서 이 중에서도 추상적 사고를 강조하려는 관점, 셋째, 추상적인 능력과 구체적 · 실제적인 능력과의 관련 및 응용을 강조하려는 것 그리고 넷째, 종합적 · 포괄적 · 집합적으로 정의하려는 입장이다. 이러한 정의들은 지적 능력이 의미하는 바가 무엇인지 알아보려는 데 초점을 맞추고 있다. 이 장에서는 각 연령 단계별 지적 능력의 의미를 알아보기보다는 각 단계마다 개인이 기본적으로 알고 있어야 할 사실이나 내용, 정보가 무엇인지 기술하는 데에 초점을 맞추고자 한다.

1. 유아기

1) 기초적인 의사표현하기

아동이 갖추어야 할 가장 기초적인 지적 능력을 3R(읽기, 쓰기, 셈하기)이라고 할 때, 유아기는 3R의 기초를 닦는 시기라고 할 수 있다. 유아기에 속한 아동은 읽고 쓰기에 앞서 기초적인 의사표현을 할 줄 알아야 한다. 생후 2세 이후에 유아가 사용할 수 있는 어휘는 폭발적으로 증가하게 되는데, 적재적소에 필요한 의사표현을 할 줄 아는 것이 또래뿐 아니라 주위사람들과의 상호작용에 있어서도 필요한 능력이라 볼 수 있다. 글자에 관심을 가지고 자기 이름을 쓸 줄 알게 될 뿐만 아니라 주변의 익숙한 사물이나 동식물의 이름을 글로 쓸 줄 아는 것도 필요하다.

2) 10 이하의 기본적인 수 개념 익히기

Piaget에 의하면 유아기에 속한 아동은 수의 보존개념이 완전히 형성되지 않는다고 한다. 그러나 Piaget 이후에 많은 연구에서 유아기 아동이 완전하지는 않지만 상당한 정도의 수 지식을 가진다고 밝히고 있다. 그리고 아동이 세는 것에 있어서 규칙성을 발견할 수 있다. 세는 것이 정확하진 않아도 그 속에는 1 대 1 대응이 있고, 중간에 빼먹는 수가 있긴 하지만 작은 수에서 큰 수로 세 나가며, 마지막 수가 전체의 개수라는 것을 알고, 물건의 크기에 상관없이 세는 것이 각 물체에 적용되며, 물체의 순서와 상관없이 센다는 규칙을 발견할 수 있다. 아동에 따라 수 지식에 차이가 있긴 하지만 기본적으로 유아기에는 10까지는 세고 읽으며 쓸 수 있어야 한다. "하나, 둘, 셋, …… 열"의 우리나라의 기수와 "일(1), 이(2), 삼(3), …… 십(10)"의 한자(아라비아)의 기수를 알고 셀 줄 알 뿐만 아니라 "첫째, 둘째, 셋째, …… 열째"까지의 서수 개념도 익히는 것이 필요하다.

3) 주변 사물 구분하기

유아기에는 숫자 개념뿐 아니라 주변의 사물을 구분할 줄 알아야 한다. 주변 사물을 구분할 수 있기 위해서는 사물의 공통점과 차이점을 인식할 수 있어야 하고 사물들의 크기 비교가 가능해야 한다.

그리고 주변 사물의 색깔을 구분하는 것도 필수적이다. 예컨대, 신호등 색깔이 다르다는 것을 아는 것뿐만 아니라 색깔의 이름까지 아는 것이 이 시기에 달성해야 할 지적 발달과업이다.

2. 아동기

1) 글을 읽고 쓰고 이해하기

초등학교 시기인 아동기는 이전 시기에 비해 더 많은 교육내용과 정보를 접하게 되는데, 여기에서 필요한 것이 글을 읽고 내용을 이해하고 파악할 수 있는 능력이다. 특히 저학년의 경우 받아쓰기를 할 줄 아는 것이 중요한 과업 중의 하나이다. 받아쓰기 능력이

타 아동과 비교의 잣대가 된다는 점에서 이 능력을 갖추는 것이 무엇보다 중요하다. 또한 간단한 글을 읽고 그 내용을 이해하는 것이 필요한데, 저학년 아동은 글을 읽을 때 글을 읽는 것에 자신의 기억용량을 다 사용하는 경우가 많아 글의 의미를 이해하지 못할 수도 있다. 따라서 글을 소리 내어 읽으면서 그 내용을 이해하도록 하기 위해서는 연습과 경험이 누적될 필요가 있다. 그리고 저학년 때부터 한글을 바르게 읽고 쓸 수 있도록 격려하는 것이 필요하다.

학년이 올라가면서 아동들은 책의 내용을 읽고 이해하는 것을 넘어서 느낀 점을 쓸 수 있는 능력이 덧붙여져야 한다. 저학년 때에는 읽은 내용에 대해 느낀 점을 부모와 이야기 나누는 것으로 할 수 있지만 고학년이 될수록 느낀 점을 글로 써 볼 수 있도록 격려하는 것이 좋다. 그리고 글을 읽을 때 그 내용의 핵심 주제를 찾아내는 능력을 기르는 것도 초등학교 이후 시기의 과업 수행을 위해서 필요하다. 뿐만 아니라 아동 자신의 생각을 글로 조리 있게 표현할 수 있는 능력을 기르는 것도 이 시기에 중요한 발달과업이다.

2) 기본적인 사칙연산에 대해 숙달하기

아동기에는 유아기 때 익히기 시작한 수 개념이 좀 더 확장되고 사칙연산도 좀 더 능숙하게 할 줄 알아야 한다. 두 자리 수, 세 자리 수의 덧셈, 뺄셈 문제도 능숙하게 풀 수 있어야 하고, 곱셈과 나눗셈 문제를 풀기 위해서는 구구단을 외우는 것도 필수적이다.

고학년 아동의 경우는 자연수, 정수의 사칙연산뿐 아니라 더 나아가 분수의 사칙연산도 능숙하게 할 줄 아는 것이 필요하다. 이 시기에 수에 대한 관심과 흥미를 형성할 때 이어지는 중·고등학교 시기의 수학적 흥미가 유지하는 데 도움이 되므로 기본적인 사칙연산의 숙달에 관심을 가질 필요가 있다.

3) 주변 사물과 사람에 대해 관찰하고 이해하기

아동기에는 주위의 인적·물적 환경에 대해 관찰할 줄 아는 능력이 있어야 한다. 사물의 변화에 관심을 가질 뿐 아니라 사람과의 관계에 대해서도 관심을 가지고 자기중심성에서 벗어나 다른 사람의 입장에서 생각할 수 있는 능력을 기르는 것이 필요하다.

다른 사람의 입장을 고려하고 이해하는 것은 사회생활에 있어서 필수적인 요소라 할 수 있다. 이를 위해 또래관계뿐 아니라 부모나 교사, 이웃의 웃어른을 어떻게 대하는지를 알아가는 것이 필요하다.

정서지능의 중요성

정서지능은 정서라는 정보를 이성적으로 처리하는 능력이라 할 수 있다 (Salovey & Mayer, 1990). 정서지능이라는 용어는 1990년 미국 예일 대학교의 심리학 교수인 Salovey와 뉴햄프셔 대학교의 심리학자인 Mayer가 처음 사용하였다. 이들은 다양한 인지 및 사회 문제를 해결하기 위해서는 정서적 정보가 개입되고, 정서적 정보는 인지적 정보와는 다르게 처리되며, 정서적 정보를 다루는 데 개인차가 존재한다는 가정하에 정서지능의 개념을 창안하였다. Salovey와 Mayer는 자신과 타인의 감정과 정서를 점검하고, 그것의 차이를 변별하며, 생각하고 행동하는 데 정서 정보를 이용할 줄 아는 능력을 정서지능으로 정의하였다.

Goleman(1995)은 인간관계에서의 적응과 성공은 머리의 힘인 지능이 아니라 가슴의 힘인 정서지능에 의해 좌우된다고 하였다. 정서를 사려 깊게 통제하고 활용할 수 있다면 정서는 인지능력이 충분히 발휘되게 하고, 인지능력으로 해결할 수 없는 많은 문제를 해결하는 데 도움을 준다. 또한 정서지능이 높은 사람은 인생에서의 만족감, 효과성, 생산성이 높은 경향이 있다. Goleman은 좌절 상황에서 개인을 희망적으로 동기화시키고, 타인에 대해 공감하며, 자신을 지켜내고, 충동이나 스트레스가 합리적인 사고를 억누르지 않게 하는 능력을 정서지능으로 정의하였다.

정서지능은 효율적인 사회적 관계, 스트레스가 많은 상황에서의 적응, 자신에 대한 안정감, 정신건강 등을 유지 및 촉진시키는 데 중요한 역할을 하고 개인의 잠재력 극대화와 자아실현에 필수적인 요인이 된다. 이는 정서지능이 높은 사람은 타인과의 관계를 형성하고 유지하는 데 정서정보와 기술을 효과적으로 활용하고, 관계 형성에 있어 자기효능감이 높으며, 가정과 교육기관에서 성공적으로 적응할 가능성이 높다는 것을 의미하고, 이를 통해 정서지능이 청소년의 삶의 질과 밀접한 관련이 있다는 것을 알 수 있다.

이러한 정서지능은 학자들마다 그 구성요소를 다르게 구분하고 있는데, Goleman은 정서인식 능력, 감정조절 능력, 자기동기화, 감정이입, 대인관계 기술의 다섯 가지 구성요소로 제시하였다. 이러한 다섯 가지 구성요소는 자기 자신과 대인관계, 학습 상황과 활동 영역 등을 효과적으로 조직하여 만족스러운 삶을 살 수 있게 하는 고차원적 능력을 의미한다. 첫째, 정서인식 능력은 자신에게 발생하는 감정 자체를 인지하는 능력으로 자신에 대한 가장 기초적인 심리적 통찰과 이해의 과정이다. 둘째, 감정조절 능력은 자기지각에 기초하여 인식된 자신의 감정을 효율적으로 처리하고 변화시킬 수 있는 능력을 의미한다. 셋째, 자기동기화는 충동 억제와 긍정적 사고를 통해 자신에게 동기를 부여하는 능력으로 삶의 목적이나 성취를 위해 자신의 감정을 절제하고, 어려움을 참아 낼 수 있는 능력을 의미한다. 넷째, 감정이입은 타인의 정서를 인지하고, 타인의 감정을 자신의 것처럼 느끼며, 타인의 기분을 이해하여 그에 상응하는 정서적 경험을 표현하는 능력을 의미한다. 다섯째, 대인관계 기술은 타인의 감정을 관리하는 기술로 감정이입을 통해 타인의 감정에 적절히 대처하고, 타인의 감정을 바람직한 방향으로 전환하는 능력을 의미한다.

4) 영어와 컴퓨터의 기본 익히기

초등학생은 영어 알파벳을 읽고 쓸 수 있어야 할 뿐만 아니라 간단한 영어단어를 읽고 그 뜻을 아는 것이 필요하다. 그리고 평생학습 사회에서는 학습내용 자체를 아는 것도 중요하지만 그 내용에 접근하는 방법을 아는 것이 더 중요하다고 볼 수 있다.

이러한 관점에서 초등학생도 컴퓨터의 인터넷 검색을 통해 자기에게 필요한 정보나 내용을 찾을 수 있어야 한다. 또한 그 내용과 정보를 자신에게 맞는 형태로 변환시키고 타인에게 적절히 전달할 줄 아는 것도 필요하다.

3. 청소년기

1) 글의 목적을 이해하고 비판력을 기르기

중·고등학교 시기의 청소년은 글을 읽을 때 그 글의 목적이 무엇인지 파악할 줄 아는 능력이 있어야 한다. 그리고 글의 주제가 무엇이고 제재가 무엇인지도 파악할 수 있어야 한다. 또한 글 속에 담긴 글쓴이의 의도를 파악하여 그 내용을 제대로 이해하는 것도 중요하다.

아울러 글의 정확한 이해뿐 아니라 글 속에 담긴 오류를 찾아내고 논리적으로 비판하는 것도 중요한 능력 중의 하나이다. 한편, 어떤 주제가 주어졌을 때 그 주제와 관련된 글을 설득력 있게 쓸 수 있는 능력도 함양해야 한다.

2) 영어 읽기 및 말하기를 좀 더 숙달하기

아동기에 간단한 영어 단어를 이해하는 것이 중요했다면 청소년기에는 영어의 읽기와 말하기를 좀 더 숙달하여 영어를 비교적 능숙하게 사용하는 것이 요구된다. 타 언어에 익숙해지기 위해서는 많이 읽고 외우는 것이 필요하므로 기초적인 영어 문장을 읽고 암기할 줄 알 뿐 아니라 영어의 기본적인 문법을 터득해야 한다. 그리고 기초적인 영어 회화 능력을 습득해서 영어로 간단한 자기소개를 할 줄 알고 외국인과 간단한 인사 정도의 대화도 나눌 수 있어야 한다.

3) 방정식에 대해 이해하기

중 · 고등학교 시기의 청소년은 수학적인 지식에 있어서는 일차방정식과 이차방정식 문제를 풀 수 있는 능력을 갖추어야 한다. 고등학생 때에는 고차방정식까지 풀 수 있어야 한다. 이를 위해서는 여러 가지 수학 공식이나 원리를 이해하고 암기하는 것이 선행되어야 한다. 그리고 무한대의 개념을 이해하는 것도 필요하다.

4) 사회적 문제에 관심을 가지고 주변 정보 이용하기

우리나라의 중고생 시기에는 대부분의 청소년이 학교에 다니면서 학업에 열중한다. 그리고 학과공부에 도움이 되거나 자신의 진로 및 진학에 관련되는 사회적 문제에 대해 관심을 갖기도 한다.

이 시기의 청소년은 주변의 여러 사회적 문제에 대해 관심을 가지면서 그와 관련된 정보나 지식을 습득하여 적절히 활용할 줄 알아야 한다. 뿐만 아니라 그러한 문제에 대해 자신의 의견을 논할 줄 아는 것도 필요하다.

4. 20대

1) 사회적 비판의식을 가지고 대안을 제시할 줄 알기

20대에는 대학에 진학하거나 사회에 진출해서 자신의 커리어를 쌓아 가는 시기라고 볼 수 있다. 이 시기의 청년들은 자신의 의견을 논리적으로 주장할 수 있어야 하고 설득력 있게 자신의 의견을 피력할 줄 알아야 한다. 그리고 글을 읽고 글쓴이의 오류를 지적하거나 비판할 뿐 아니라 적절한 대안을 제시할 수 있어야 한다. 또한 정치, 경제, 사회, 문화 전반의 이슈에 대해 관심을 가지고, 특히 시사문제에 대한 지식을 쌓는 것이 필요하다. 그리고 독립적인 존재로 살아가는 데 있어서 경제에 대한 전반적인 이해를 할 줄 아는 것도 필요한 시기이다.

2) 전공지식을 이용하고 일반상식을 쌓기

20대는 이후의 인생에서 자기가 주로 일할 전공 분야의 지식을 축적하는 시기라고 볼 수 있다. 대학에서 전공하고 있거나 직업 분야에서의 전공지식이 구비되어야 하고, 아는 데 그치지 않고 실생활에 그 지식을 응용할 줄 아는 능력도 있어야 한다. 아울러 신문이나 인터넷에 있는 다양한 분야의 여러 가지 정보를 이해할 수 있는 분야별 상식도 함양하고 있어야 한다.

3) 실생활과 직업생활에 필요한 지식과 기술 쌓기

Erikson에 의하면 성인 초기에 해당하는 20대는 인간관계나 자신의 일에 대해서 친밀감을 형성하는 시기이다. 특히 사랑하는 사람을 만나고 교제하고 결혼을 준비하게 되는 시기이므로 이 시기에는 이성교제와 결혼준비에 필요한 지식을 갖출 필요가 있다. 그리고 직업세계에서 자기 역량을 펼치기 위해서는 기본적으로 일상 영어 회화를 할 줄 알고, 엑셀과 파워포인트를 활용할 줄 알고, 컴퓨터를 이용하여 자유자재로 문서를 만들 수 있어야 한다.

5. 30대

1) 자녀와 가족에 대한 지식 쌓기

결혼연령이 점차 증가하고 있지만, 대부분의 30대는 결혼을 하고 1~2명의 자녀를 낳게 된다. 이 시기에는 자녀를 어떻게 양육할 것이고 자녀들이 어떤 교육적 경험을 가져야 하는지에 대한 지적 능력을 갖추고 있어야 한다.

그리고 남성이든 여성이든 가족 관리에 대한 지식을 습득하고 있어야 한다. 특히 결혼을 통해 배우자 가족과도 새로운 관계가 형성될 것이므로 확장되는 관계를 어떻게 유지하고 형성하는지에 대한 지식을 적절히 갖추는 것이 중요하다.

2) 자기 분야의 지식을 쌓기

30대는 직업세계에서 자신의 분야와 영역에 대한 전문적인 지식을 갖출 수 있어야 한다. 직업 분야에서의 전문적인 지식은 직업인으로서의 자기 위치를 공고화하는 데에 도움을 줄 수 있다. 그리고 지식의 급속한 팽창과 증가, 변화로 말미암아 개인이 가지고 있던 지식이나 상식 또는 정보들이 낡은 것이 되고, 개인에게 낯선 정보들이 점차 많아지게 되는데, 새로운 정보에 대해 접근하고 그것을 이용할 줄 아는 능력이 필요하다. 이를 위해서는 인터넷을 이용하여 필요한 지식을 찾을 줄 아는 능력이 구비되어야 한다.

3) 경제흐름을 파악하고 재테크에 대한 지식 쌓기

30대는 경제적으로 안정되어 있지는 않은 시기이지만, 앞으로 보다 안정된 경제생활을 영위하기 위한 준비를 하는 시기라고 볼 수 있다. 안정적인 경제생활을 위해서는 경제의 흐름을 파악할 수 있는 능력을 갖추고 있어야 한다. 전문적인 지식은 아니라 하더라도 은행이나 부동산 중개업소에서 이루어지는 계약에서 그 계약의 주체자로서 지식을 갖추는 것이 필요하고, 여러 종류의 세금이나 요금에 대한 지식, 납부방법 등에 대한 지식도 갖추고 있어야 한다. 그리고 부동산 매매나 전월세 등에 대한 지식뿐만 아니라 자신이 가진 동산을 어떻게 활용할 것인지에 대한 재테크 정보도 알고 있어야 한다.

6. 40대

1) 자녀교육에 대한 정보 알기

Erikson에 의하면 40대가 속해 있는 중년기의 주요 발달과업은 생산성이다. 생산성은 '주로 다음 세대의 확립과 인도에의 관심'이라고 볼 수 있는데, 이는 자녀를 낳아 기르고 그 자녀들을 그들 나름대로 성숙하도록 지도하고자 하는 성숙한 성인의 심리적 욕구에 해당한다. 이와 관련하여 40대는 자녀교육에 대한 정보를 아는 것이 무엇보다 중요하다.

우리나라의 경우 자녀교육의 정보는 전문가나 전문적인 교육기관을 통해서도 습득할 수 있지만 비슷한 연령의 자녀를 가진 부모들의 모임을 통해서 습득되는 부분이 많으므로 그러한 정보의 원천에서 멀어지지 않도록 하는 것이 중요하다.

2) 재정지식과 경제관념을 키우고 노후대비를 하기

40대는 30대에 비해 안정적인 생활을 영위할 수도 있지만, 자녀 교육에 필요한 경비가 증가하면서 효율적으로 재정을 관리하지 않으면 오히려 30대보다 경제적으로 더 힘들게 생활할 수도 있다. 따라서 적절한 경제관념을 가지고 재정을 잘 모으고 효율적으로 소비하는 방법을 아는 것이 중요하다. 그리고 이전보다 길어진 노년기를 대비해서 경제적 지식과 경험을 갖출 필요가 있다.

3) 대인관계 지식 습득과 대중문화에 대한 지식 습득하기

40대에는 이전과는 다른 대인관계를 형성할 가능성이 많다. 젊은 시절의 추억 때문에 초 · 중 · 고등학교 동창과의 교류가 확장되고, 여러 동호회나 향우회 등의 활동이 왕성해질 수 있다. 새롭고 다양한 대인관계 속에서 사람과의 관계를 잘 유지시키는 데 필요한 지식을 습득하는 것이 중요하다. 그리고 시대에 뒤떨어지지 않기 위해서 유행이나 대중문화의 특징과 흐름을 읽을 수 있는 안목도 갖추고 있어야 한다.

7. 50대

1) 재테크 지식 습득하기

50대에 접어들면 부모 봉양과 자녀의 대학 진학 그리고 자녀의 결혼 등으로 인해 이전보다 더 많은 돈이 필요하게 된다. 이때 돈을 모으고 모인 돈을 효율적으로 사용할 줄 아는 것이 무엇보다 중요하다. 그리고 효과적인 재테크를 통해서 자산을 불려 나가는 것도 필요하다.

2) 문제해결에 대한 지식 습득과 지혜 쌓기

50대 성인은 새로운 문제를 접했을 때 젊은이들보다 더 신중해지고 불안감이 가중되는 경향이 있다. 이 시기에는 어떤 문제를 접했을 때 어떠한 순서로 해결할지에 대한 문제해결 전략을 갖고 있는 것이 삶을 효율적으로 영위하는 데에 도움이 된다. 그리고 이 시기에는 자기가 알고 있는 지식으로부터 삶의 지혜를 발견할 수 있도록 하여야 한다.

3) 자녀교육에 대한 관심 가지기

결혼 연령이나 자녀 출산 연령에 따라 조금 차이가 나긴 하지만 30대에 자녀를 출산한 50대 성인들은 자녀가 대학에 입학하는 시기를 맞게 된다. 자녀가 지닌 능력만으로 대학에 입학할 수 있으리란 보장이 없는데, 근래에는 어떤 정보를 가지고 있고 어떤 전략을 가지고 있느냐에 따라 대학 합격의 당락이 결정되는 경우가 많다. 따라서 50대 성인들은 다양한 정보원을 바탕으로 대학입시에 관한 정보를 알고 있어야 한다.

4) 일상생활에 필요한 기기를 다룰 줄 알기

요즘은 어른들이 상상하지 못할 여러 가지 기기가 속속 등장하고 있는데, 얼리 어댑터(early adopter)와 얼리 바이어(early buyer)가 되지는 않는다 하더라도 일상생활에 꼭 필요한 기기들을 구매해서 기본적인 사용법을 익히고 그것을 다룰 줄 아는 능력은 있어야 한다. 휴대폰으로 전화번호를 입력하고 찾아내고 문자를 송수신할 줄 아는 정도의 지식은 갖추고 있어야 하고, 인터넷 검색을 통해 자기에게 필요한 정보나 지식을 찾아내고 필요하다면 이메일을 주고받을 수도 있어야 한다.

디지털 리터러시

'리터러시(literacy)'는 '읽고 쓸 줄 아는'이라는 뜻으로, 문맹을 뜻하는 일리터러시(illiteracy)의 반대말이다. 문자화된 기록물을 통해 지식과 정보를 획득하고 이해할 수 있는 능력에서 시작된 리터러시의 의미는 복잡한 사회적 환경과 상황 속에서 적응 및 대처할 수 있는 능력으로 그 개념이 확대되고 있다.

5,000여 년 전 시작된 3R(읽기, 쓰기, 셈하기)은 인류에 획기적인 변화를 가져왔다. 읽고 쓸 줄 알게 되면서 지식의 축적이 가능해졌고, 셈을 통해서 과학, 상업이 발전하였다. 즉, 시대를 살아 나가는 인류가 기능할 수 있는 가능성이 커졌다. 1950년대 이후에는 이미지를 이해하고 사용할 수 있는 능력인 시각 리터러시(visual literacy), 텔레비전의 시대가 시작되면서부터는 정보의 양이 수용 가능한 정도를 넘어서서 수동적인 수용에서 능동적으로 시청하고 비판적으로 수용하는 리터러시인 텔레비전 리터러시(television literacy), 컴퓨터의 사용법 숙지와 더불어 컴퓨터 이용에 따른 사회적·경제적·윤리적 문

제를 이해할 수 있는 능력인 컴퓨터 리터러시(computer literacy)뿐 아니라, 멀티미디어 리터러시(multimedia literacy), 정보 리터러시(information literacy), 미디어 리터러시(media literacy), 디지털 리터러시(digital literacy) 등이 등장했다.

이 중 디지털 리터러시는 디지털 사회에서 각 구성원들이 일상적인 삶을 살아가고 학습하며 각 분야에서의 작업을 혁신적이고 창의적으로 수행하기 위해 필요한 능력으로, 디지털 기술에 대한 지식, 태도, 스킬 및 문제해결을 위한 사고력 등을 포함시킨 디지털 역량이라고 정의된다. 이러한 디지털 세대가 테크놀로지 기반의 사회에서 반드시 필요한 핵심적인 능력이라 할 수 있으며, 청년들뿐 아니라 장년, 노인에게까지 필요한 능력이라고 볼 수 있다.

8. 60대 이후

1) 건강관리를 할 줄 알기

60대 이후가 되면 많은 신체적 기능이 퇴화하고 약화되기 시작한다. 노화에 따른 적응이 무엇보다 중요하고, 건강한 삶을 영위하기 위해 적절한 노력을 할 뿐만 아니라 그에 대한 지식을 갖추고 있어야 한다.

2) 노후생활에 필요한 지식 갖추기

건강한 노후생활을 위해서는 그에 필요한 지식을 익히고 실생활에 활용할 수 있어야 한다. 젊을 때보다 신체의 활동량이 줄어들기 때문에 그만큼 에너지 소모가 줄어들므로 소식을 해야 한다거나 신체 기능에 맞는 적절한 운동을 할 필요가 있으며, 갑작스럽게 다가오는 건강의 위험신호를 빨리 감지하고 적절한 대처를 하는 것도 필요하다.

그리고 일상생활에 필요한 지식도 갖추고 있어야 하는데, ATM기, 텔레뱅킹이나 인터넷뱅킹을 통해 입출금을 할 줄 알아야 하고, 휴대폰 사용방법도 기본적으로 알고 있어야 한다. 특히 휴대폰에 가족이나 가까운 친척의 연락처를 단축번호로 저장하고 그 번호를 기억하고 있는 것이 중요하다.

3) 합리적 경제관념 갖기

60대 이후는 생산적 경제활동을 영위하기는 어려운 시기이다. 이 시기는 이전 시기에 저축되어 있던 재정을 주로 사용하게 되는 시기인데, 얼마나 효율적으로 재정을 사용하느냐가 중요하다. 자녀에게 얼마나 많은 재산을 물려주느냐 하는 것보다 노후생활을 영위하고 즐기는 데에 초점을 맞출 필요가 있으며, 특히 이 시기에는 자기가 가진 재산이나 능력을 사회에 환원하는 방법에 대해서도 생각해 볼 필요가 있다.

4) 삶에 대한 혜안을 갖기

Erikson은 노인기의 주요 발달과업을 자아통합(ego integrity)으로 보고 있다. 자아통합은 자기 자신의 인생을 회고하고 그 인생을 후회 없이 살았다는 만족감에 젖어드는 상태를 뜻한다. 자아통합의 성취에 실패한 사람은 인생을 헛되이 보냈으며, 그 인생을 구원하기는 이미 늦었다는 절망에 빠지는 사람이다. 이러한 사람은 죽음을 두려워하고, 따라서 절망이 깊어질 수 있다. 자아통합에 도움을 줄 수 있는 것 중의 하나가 삶에 대해 통찰하는 것이다. 그리고 인생이라는 무대에서 자신이 사라지고 있다는 느낌을 극복할 수 있는 방법 중의 하나가 세대 간의 차이점을 이해하고 자식과의 대화에 필요한 지식을 갖추고 있는 것이다.

참고문헌

황정규(2010). 인간의 지능. 서울: 학지사.

Goleman, D. (1995). *Emotional intelligence.* New York: Bantam Books.
Salovey, P., & Mayer, J. D. (1990). Emotional intelligence. *Imagination, Cognition, and Personality, 9*(3), 185–211.

2장

정서적 발달과업

정서는 외부세계를 어떻게 느끼는가와 관련되는 영역으로 생각하고(인지) 행동하는 것과 구분하여 감정, 기분, 느낌 등의 용어로 불리기도 한다. 정서는 유기체가 내적 및 외적 자극을 처리하는 동안 일어나는 생리적 반응(맥박, 호흡, 발한 등)과 그와 동반된 슬픔, 기쁨, 공포 등의 반응을 포함한다. 지금까지 논의되어 온 정서의 발달을 살펴보면, 다양한 정서의 분화, 정서의 표현, 자신과 타인의 정서에 대한 인식, 정서조절 등이 정서발달의 주요한 과업이다. 이러한 과업은 비교적 생애 초기에 이루어지고, 그 순서와 시기에 있어 문화적 보편성도 확보되어 있다. 이후 과정에서는 다양한 경험을 통해 자신과 타인의 정서를 인식하고, 표현하며, 조절하는 능력을 신장시켜 나가는 것이고, 각 발달단계에서 어떠한 정서적 경험들이 중요한가가 정서적 발달과업의 내용이 된다. 이 장에서는 우리나라의 일반인들이 생각하는 전 생애 발달단계에 따른 정서적 발달과업의 내용을 제시할 것이다. 유아기, 초등학교 시기, 중 · 고등학교 시기, 20대, 30대, 40대, 50대, 60대 이후 등 여러 생애 시기에서 맞이하는 어떤 경험들이 새로운 정서적 경험을 제공하는지 그리고 이러한 경험들이 정서인식, 정서표현, 정서조절 등의 발달에 어떻게 기여하는지 살펴볼 것이다.

1. 유아기

1) 부모와 애착 형성하기

인간에게 가장 중요한 정서적 대상은 부모(또는 제1양육자)이고, 생애 초기 가장 먼저 정서적 경험을 나누게 되는 대상 역시 부모이다. 따라서 부모와의 정서적 유대관계, 즉 애착을 형성하는 것은 생애 전반기에 체험하는 가장 중요한 정서적 경험이다. 부모와 함께 놀고, 신체적으로 접촉하며, 부모로부터 사랑받는다고 느끼고, 부모로부터 칭찬을 받으면서 안정적인 애착을 형성하게 된다. 부모와의 안정적인 애착 형성은 생애를 살아가는 가장 중요한 기반이 되는 타인과 세상에 대한 신뢰감 형성으로 이어지는 반면, 애착 형성에 실패할 경우 이후 대인관계를 비롯한 여러 영역에서 부적응을 겪게 될 가능성이 크다. 따라서 부모와의 일관된 상호작용을 통해 유아가 부모와 정서적 유대를 형성할 수 있도록 노력해야 할 것이다.

2) 가족과의 신뢰감 형성하기

유아는 부모만이 아닌 부모 이외의 가족구성원과도 친밀한 관계를 형성한다. 최근 핵가족화되고 외동아가 많아지면서 유아가 가정에서 만날 수 있는 가족구성원은 부모밖에 없는 경우가 점점 늘어나고 있지만, 함께 살거나 왕래하는 조부모나 형제와 긍정적 관계를 형성하는 것이 중요한 과정이다. 특히 형제와의 관계 형성은 다양한 발달을 촉진하는 상호작용을 경험하게 하는 중요한 과정이다. 형제관계를 통해 친밀감, 경쟁, 양보, 보살핌, 협상, 갈등 등 대인관계의 기초를 습득할 수 있고, 궁극적으로 그러한 과정을 통해 동지애와 신뢰감을 형성하게 된다. 또한 함께 살지 않더라도 친지들과 자주 만날 수 있는 기회를 가짐으로써 가족과의 신뢰감 형성이 촉진될 수 있다.

3) 친구 사귀기

유아는 가족을 떠나 타인들을 만나기 시작한다. 부모와 함께 다른 가정을 방문하여 새로운 또래를 만나고 어린이집이나 유치원과 같은 기관에서 또래를 만나게 된다. 가족이 아닌 타인과 함께 놀면서 새로운 재미를 느끼고 그 대상에 대해 친밀감을 경험하며 서로 갈등하고 경쟁도 하면서 친구 사귀기를 처음으로 시작한다. 함께 놀이를 하기 위해 양보하고 자기를 표현하며 주장하고 협상하면서 규칙의 의미를 알게 되고 규칙을 따를 줄도 알게 된다. 이 과정에서 즐거움과 좌절을 함께 경험한다. 따라서 유아기부터 또래들과 상호작용할 기회를 제공하는 것이 중요하다. 그리고 이렇게 또래들과 친해지는 과정에서 경험하는 다양한 정서를 부모 및 가족과 함께 나누면서 재경험할 수 있도록 돕는다면 더욱 친구 사귀기를 통한 정서발달을 촉진할 수 있을 것이다.

4) 언어 습득하기

유아기는 정서를 알아차리고 표현하는 중요한 수단 중 하나인 언어를 새롭게 습득하는 중요한 시기이다. 정서와 관련된 언어를 습득하는 과정에서 다양한 정서를 구분하여 이름 붙일 줄 알게 되고, 이러한 과정을 통해 자신의 감정에 대한 인식과 타인의 감정에 대한 인식이 보다 증가한다. 정서의 표현과 조절도 언어를 통한 정서 개념화로 더욱 발달하게 된다. 즉, 말로 자신의 정서를 표현하고, 말을 통해 스스로 자신의 정서를 조절할 줄 알게 된다. 또한 다른 사람이 말로 정서를 표현할 때 그 의미를 알아차릴 수 있게 되는 것도 이 시기의 언어발달과 밀접하게 관련된다. 따라서 정서와 관련된 표현을 많이 해 주고 유아가 정서를 표현할 수 있도록 어휘력을 늘려 줄 수 있어야 한다. 이 시기에 자칫 남성 성역할을 강조하면서 감정을 참으라고만 강요할 경우, 정서를 표현할 수 있는 언어를 습득하지 못하게 되고 이후 적절한 정서 표현 및 조절에도 실패할 수 있으니 유의해야 한다.

2. 아동기

1) 가족과 대화하기

초등학교 시기에 해당하는 아동기는 여전히 부모와의 친밀감 형성과 가족과의 신뢰 형성이 중요한 시기이다. 학교나 밖에서 있었던 일들을 부모를 비롯한 가족구성원들에게 이야기하면서 그 과정에서 경험한 정서들을 재경험한다. 긍정적인 정서 경험은 가족들의 축하와 격려를 통해 더 기분 좋게 경험하게 된다. 한편, 가족들의 지지 속에서 부정적인 정서 경험을 정화하게 되고, 부정적 정서를 초래하게 된 원인에 대한 새로운 대처방식을 안내받기도 한다.

또한 부정적 정서를 어떻게 표현하거나 조절해야 하는지도 배우게
된다. 이렇게 가족들과의 대화를 통해 정서를 공유하고 자신에 대
한 건설적인 피드백을 받는 과정은 초등학교 시기에 가장 중요한
경험이다.

2) 친구 사귀기

친구 사귀기는 유아기와 마찬가지로 초등학교 시기에도 중요한
정서적 발달과업이다. 가장 많은 친구를 사귀고 헤어지고 또 사귀
는 과정을 활발하게 반복하는 시기가 바로 초등학교 시기이기 때문
일 것이다. 놀이친구로서의 의미를 거쳐 보다 깊은 내면의 세계를
공유할 수 있는 우정을 발달시켜 나가는 과정을 경험하는 시기도
초등학교의 긴 시간에 해야 할 중요한 일이다. 비교적 저학년 때는
놀이친구로만 친구를 사귀다가 고학년으로 올라가면서 친구에게
보다 깊은 의미를 부여하게 된다. 친구를 사귀면서 긍정적인 정서
만 경험하는 것이 아니라 다양한 정서를 경험하게 되는데, 친밀감,
미움, 기대, 의지, 질투, 배려, 양보, 인내, 소외, 부러움, 자랑스러
움, 좌절, 분노 등 대인관계에서 경험하는 거의 대부분의 정서를 경
험한다. 또한 이러한 정서를 어떻게 알아차리는지, 어떻게 표현하
는지, 어떻게 조절해야 하는지 등에 대해서도 친구와의 관계 속에
서 배워 나간다. 이 시기에 친구 사귀기에 적극적으로 참여할 수 있
도록 부모나 교사가 촉진해야 한다. 특히 성격이 내향적이고 혼자
놀이를 좋아하는 아동이라면 또래들과 함께 할 수 있는 활동을 적
극적으로 추천해 주는 것도 필요하다. 뿐만 아니라 학업을 강조하
면서 또래들 간의 놀이시간을 빼앗는 일은 더욱 없어야 할 것이다.

3) 교사와 친해지기

유아기에도 교사를 만나지만 초등학교 시기에는 보다 구조적인 학교 체제에 들어오면서 교사를 새롭게 접하게 된다. 부모 이외의 새로운 어른으로 만나게 되는 교사와의 만남을 통해 어른과의 관계 맺기를 배우는 시기이다. 이 시기에 교사와 편안하고 친한 관계를 맺어 보아야 향후 다른 윗사람들과도 좋은 관계를 형성할 수 있다. 지시에 무조건 복종하거나 완전히 의존하기보다는 교사의 권위를 인정하면서도 자신의 요구를 표현할 수 있는 신뢰할 수 있는 관계 형성이 이 시기의 중요한 발달과업이다. 교사는 가능한 한 학생들에게 먼저 다가가고 긍정적 관계를 형성하면서 이 시기의 정서적 발달을 촉진할 수 있을 것이다.

4) 성취 경험하기

초등학교 시기는 처음으로 자신에게 주어진 과제가 명확해지는 시기이다. 따라서 자신이 해낸 과제의 성공 여부에 따라 주변으로부터 평가를 받아 보는 최초의 경험을 하게 된다. 이 과정에서 자신이 '잘 해냈다'라는 성취감을 맛볼 때 앞으로 자신에게 주어진 과제를 수행하고자 하는 동기가 높아진다. 또한 자신이 어떤 일을 해낼 수 있는 사람이라는 자신감을 갖게 되고, 사회구성원으로서의 가치도 처음으로 경험한다. 따라서 이 시기에는 최선을 다해 어떤 일에 몰두하고 그 성과에 대해 칭찬을 받고 인정을 받는 경험이 정서 발달에서도 가장 중요하다. 수업시간에 발표를 하거나 숙제를 해 가거나 학예회에서 공연에 참여하거나 수련회의 모든 과정을 성공적으로 마치는 등의 경험을 해 보아야 한다. 또한 학급 내에서 한 가지 역할을 맡아 수행하거나 가정에서 과하지 않은 집안일을 맡아 하거나 부모나 교사 등 어른들의 심부름을 정확하게 해내는 경험도 필요하다.

5) 사춘기 시작에 적응하기

아동에 따라 개인차가 있지만, 초등학교 고학년이 되면 많은 학생에게 2차 성징이 나타나기 시작한다. 사춘기가 시작된 아동과 아직 사춘기가 시작되지 않은 아동 모두 사춘기의 시작에 당황하지 않고 잘 대처할 준비가 필요하다. 사춘기에 겪게 되는 신체적 변화와 정서적 변화가 자신이나 가족, 친구들에게 낯설게 느껴질 수 있다. 또한 너무 이른 사춘기의 도달에 대해 여아들은 당혹감을 느끼게 되고, 사춘기가 너무 늦게 시작되는 남아들은 놀림의 대상이 되기도 한다. 뿐만 아니라 성에 대한 호기심과 이성에 대한 호감을 처음으로 경험하게 되는 시기이기도 하다. 따라서 앞으로 경험하게 될 많은 변화에 대해 마음의 준비를 하는 것이 가장 중요한 시기이다.

3. 청소년기

1) 일생을 함께 할 친구 사귀기

중·고등학교 시기에는 가족을 넘어 대인관계의 폭이 넓어지는 시기이다. 부모나 교사와의 관계가 여전히 중요하지만, 친구와의 관계에서 경험하는 정서적 경험이 어느 시기보다 중요한 의미를 갖게 된다. 친구를 통해 자신의 가치를 확인하고, 친구와 여러 가지 고민을 나누며, 친구와 다양한 시도를 해 보면서 스스로 성장하고 있다는 것을 느낄 수 있다. 또한 이러한 경험을 공유한 친구들과 지속적인 우정 관계를 형성하게 되어, 이제 더 이상 친구가 놀이의 대상이라는 의미에만 머물지 않는다. 자신에게 도움이 되는 친구를 적극적으로 선택하기도 하는데, 마음에 드는 친구에게 자신이 부족한 것 같아 선뜻 다가가지 못하거나 아무도 다가오는 친구가 없어 선택받지 못하였다고 느낄 때 고통을 느끼게도 된다. 그 어느 때보다도 소외에 대한 불안이 높고, 인기 있는 사람이 되고 싶은 욕구도 높아서 또래들이 좋아하는 것에 쉽게 휩쓸리기도 한다. 뿐만 아니라 입시라는 경쟁 속에서 친구는 경쟁상대이기도 하기 때문에 친구가 한없이 좋으면서도 경쟁자로 경계하게 되는 양가감정도 경험하고 이를 다루는 방법도 터득한다. 이러한 불편한 상태를 잘 견디지 못할 경우 친구 사귀기가 어려워지기도 한다.

2) 사춘기 경험하기

초등학교 고학년부터 시작되는 사춘기는 중 · 고등학교 시기까지 계속 이어진다. 중학교 시기는 가장 많은 청소년이 사춘기를 겪는 시기라고 할 수 있다. 사춘기에는 호르몬의 변화로 신체적 변화인 2차 성징이 나타나 자신의 외모에 낯설어질 뿐만 아니라, 호르몬 분비의 증가로 인해 정서에 많은 영향을 받는다. 호르몬 과다분비는 남아에게는 분노와 불안, 여아에게는 분노와 우울을 일으킨다(Brooks-Gunn & Warren, 1989; Nottelmann et al., 1990)는 주장이

있다. 또한 부모와 다툼, 학교에서 벌을 받음, 이성과 헤어짐 등의
부정적인 일이 아동기에서 청소년기로 넘어가면서 점점 많아진다
고 한다. 이에 따라 청소년들이 일상생활에서 아동이나 성인에 비
해 기분이 더 가라앉아 있기도 하다.

사춘기에는 부모-자녀 갈등이 증가하는데, 성장 급등의 최고조
에 다가가면서 여아의 경우에 초경 직후 말다툼과 냉전이 가속된
다. 이 시기에는 부모와 자녀가 서로에 대한 친밀감도 낮아진다.
이러한 갈등에 대해 사춘기는 생리적으로 가족을 떠나야 할 시기
라고 설명하기도 한다. 동물의 세계나 보다 원시적 사회에서는 사
춘기를 지나면서 원가족을 떠나 자신의 가족을 이루게 되지만, 현
대 사회에서는 계속 부모에게 의존하여 살아야 하기 때문이라는
것이다. 또 다른 관점에서는 뇌발달의 불균형으로 사춘기 자녀의
정서조절 실패를 부모-자녀 갈등의 원인으로 본다. 사춘기의 부
모-자녀 갈등은 자녀 입장에서도 부모 입장에서도 모두 힘겨운 일
이다. 따라서 각자의 어려움을 이해하고 수용하면서 이 시기를 잘
이겨 내는 지혜가 필요하다.

사춘기의 정서조절 실패는 뇌발달의 불균형 때문

비교적 최근에 제안된 청소년기 뇌의 발달에 대한 이중시스템 모델(dual
systems model)에서는 청소년들의 정서조절 실패를 뇌발달의 불균형으로 설
명한다. 충동통제, 정서조절, 의사결정과 관련된 전두엽을 포함하는 인지적 통
제 시스템[정보처리 모델의 쿨시스템(cool system)에 해당]과 정서, 신기성, 보
상과 관련된 편도체를 포함하는 사회정서적 시스템[정보처리 모델의 핫시스
템(hot system)에 해당]의 발달 시기가 서로 다른 점을 지적한다. 정서 반응에

관여하는 사회정서적 시스템은 사춘기와 함께 일찍 발달하기 시작하고, 정서를 조절하는 인지적 통제 시스템은 보다 서서히 발달해 성인 초기까지 발달한다. 다음 그림은 Steinberg(2013)가 종단자료 분석을 통해 가설적으로 두 시스템의 발달궤적을 표현한 것이다. 사춘기부터 청소년 초기까지 새로운 것을 찾고 보상에 민감한 사회정서적 시스템은 비교적 급속하게 발달하는 동안, 통제력을 발휘하는 인지적 통제 시스템은 이때부터 20대까지 서서히 발달하기 때문에 통제력의 발달은 충동성 증가에 가려 알아차리기 어려워진다는 것이다.

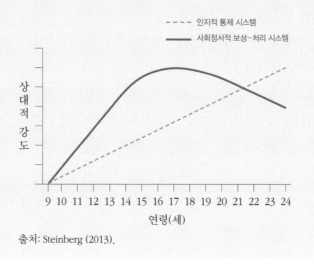

출처: Steinberg (2013).

3) 학업에서의 성공과 실패 경험하기

우리나라 학생들은 중·고등학교 시기에 하루 중 가장 많은 시간을 공부에 사용한다고 한다. 청소년기는 무엇엔가 몰입할 정도로 호기심도 많고, 인지적 기능도 활발하게 발휘되며, 성취감을 통해 스스로의 가치를 느껴 보는 경험도 최고조에 달하는 시기이다. 따라서 학업을 비롯하여 여러 가지 문화활동, 취미활동, 단체활동

에 적극적으로 참여하면서 다양한 정서적 경험을 하는 것이 필요
하다. 이 중에서도 중·고등학교 시기에 치르는 고등학교 및 대학
입시는 어떤 청소년들에게는 목표 달성이라는 성공을 맛보게 하지
만 어떤 청소년들에게는 실패를 맛보게 한다. 목표를 세우고, 목표
를 이루기 위해 몰두하고, 실제 성공과 실패를 경험해 보는 것이 앞
으로의 삶에 좋은 밑거름이 되는 시기이다. 성공이 좋고 실패가 나
쁘다기보다는 성공도 해 보고 실패도 해 보면서 이후 삶에서 성공
과 실패에서 느끼는 정서를 조절할 수 있는 능력도 습득하게 된다.
따라서 실패 없이 성공만 하라고 재촉하기보다 성공과 실패에 건
설적으로 대처할 수 있도록 돕는 것이 필요하다.

4) 자신의 삶에 대해 고민하기

2차 성징이 나타나면서 접하게 되는 낯선 외모에 대한 반응에서
출발하여 정말 자신은 어떤 사람인가, 왜 태어났는가, 왜 살아야 하
는가, 무엇을 할 수 있을까 등의 고민이 밀려온다. 학업에 대한 지
나친 강요를 받으면서 이러한 의문들을 대학에 가서 할 고민으로
미루기도 하지만 그것은 중·고등학교 시기에 해야 할 중요한 고
민들이다. 자신이 어떤 사람인가에 대한 고민과 탐색을 통해 자신
에 대한 이해를 넓히고, 이를 통해 진정한 자기가치감을 획득할 수
있어야 한다. 또한 인생의 의미에 대해 고민하면서 자아실현에 다
가갈 수 있는 목표를 세우고 이를 위해 정진하는 방향을 잡을 시기
이다. 이 시기에 충분히 고민하지 않으면 진학 이후 또는 취업 이후
더 혼란을 경험할 수 있다. 따라서 대학을 위해 고민을 미루라고 하
기보다 자신에 대해 여러 가지 질문을 던지고 답을 찾기 위해 다양

한 시도를 해 볼 기회를 제공하는 것이 필요하다.

4. 20대

1) 대학생활 하기

우리나라의 대학진학률(고등학교를 졸업하고 대학에 진학하는 학생 비율)이 높아지면서 대학생활은 20대에 경험해 볼 중요한 일로 간주되고 있다. 대학생활을 통해 자유를 만끽하고 스스로의 일에 책임진다는 것의 의미를 깨닫게 된다. 깊이 있는 독서, 여러 지역으로의 여행, 다양한 활동 참여 등을 통해 내면적 성장을 하고 자신의 일을 스스로 해결할 줄 알게 되면서 진정으로 성인이 되었다는 것을 느끼게 된다. 보다 폭넓게 친구나 이성을 사귀고 새로운 감정을 느껴 보고 새로운 가치나 관점에 대해 탐색하면서 자신의 성장욕구를 채워 가는 시기라고 할 수 있다. 그리고 대학에 진학하지 않고 취업을 한 20대에게도 앞서 기술한 대학생활을 하면서 경험해야 할 다양한 경험은 여전히 중요할 것이다.

2) 부모로부터 독립하여 가정 이루기

20대의 가장 중요한 과업은 '일과 사랑'이라는 것에 많은 사람들이 공감한다. 이성에 대한 관심이 가장 높아지고 이성에게 가장 몰입하게 되는 시기이면서 이 과정을 통해 평생을 함께할 반려자를 선택하게 된다. 중요한 애착 대상이던 부모로부터 심리적·물리적으로 독립하여 자신의 배우자를 가장 중요한 애착 대상으로 삼게 되고 자신만의 가정을 이룬다. 최근 우리나라의 결혼 연령이 많이 높아졌고, 통계청 기록에 의하면 2020년 남녀의 평균 초혼 연령이 30대가 되었다(남자 33.23세, 여자 30.78세). 그렇지만 이성을 사귀고 배우자를 찾으며 결혼을 준비하는 일은 20대에 해야 할 중요한 일로 인식되고 있다. 이성과의 만남에서 결혼에 이르기까지 20대가 경험하는 정서는 매우 다양하다. 이성과의 사랑과 이별을 통해 최고의 쾌감부터 최고의 고통까지 경험하게 되고, 이 과정에서 자신의 가치감 역시 최고에서 최하로 오가는 것을 느끼게 된다. 반드시 결혼 상대자를 찾기 위해서가 아니라 상대를 사랑하고 이별하는 과정을 통해 폭넓고 깊이 있는 정서를 경험하고 조절하는 방법들을 습득하는 것이 중요하다.

3) 직장생활 시작하기

고등학교를 졸업하고 바로 취업을 하게 되거나 대학교를 졸업하고 취업을 하게 되거나 대부분의 사람이 최초의 사회생활을 시작하는 시기가 20대이다. 우리나라 남성의 경우 군대에 입대하는 것이 직장생활 이전에 먼저 경험하는 사회적 임무라고 할 수 있다. 최근 현재 자신이 진입할 수 있는 직장보다 더 나은 곳에 취업하기 위해 자발적 실업을 하고 직업능력 개발에 더 매진하는 20대가 증가하고 있지만, 이들도 취업의 현장을 경험한다는 점에서 마찬가지이다. 이 과정 또한 개인에게 여러 가지 정서적 경험을 제공한다. 자신이 무엇을 하고 싶은지, 어떤 일을 하는 것이 좋은지, 어떤 직장을 선택해야 하는지 등에서 많은 고민을 하게 되고, 취업 준비 과정에서 자기 자신 또는 주변 사람들과 갈등하기도 한다. 취업에 성공하여 기쁨과 성취감을 느끼는 사람도 있고, 취업에 실패하여 심한 좌절에 빠지는 사람들도 있다. 또한 취업을 하게 되면 지금까지와는 다른 책임감을 요구받게 되고 각기 다른 직장의 문화에 적응해야 한다. 이 과정은 대부분 생각했던 것과 달리 많은 사람이 어렵게 느끼며 힘들어한다. 그리고 결국 적응하지 못하고 첫 직장을 떠나는 일들도 생기고, 이때는 부적응으로 인한 심한 스트레스와 적응하지 못했다는 실패감을 느끼게 된다. 즉, 이전의 성장과정에서는 경험하지 못했던 또 다른 정서적 고통을 경험하게 된다.

5. 30대

1) 가정에서의 행복과 갈등 경험하기

거의 대부분의 30대는 결혼, 출산, 육아를 경험하고, 자녀가 학교에 입학하는 경험도 하게 되는 경우도 적지 않다. 가정에서의 변화와 성장이 급격한 만큼 그 변화에 동반된 행복과 갈등도 빈번하고 그 정도가 강하다. 가정을 통해 행복감을 만끽하면서도 끊임없이 갈등과 어려움에 처하기도 한다. 뿐만 아니라 배우자 가족과의 관계에서 자녀가 포함되면서 교류가 많아지고 관계도 깊어진다. 이를 통해 배우자 가족과 더 친밀해지고 편안해지기도 하지만 오히려 갈등이 증폭되는 경우도 있다.

2) 일과 가정 사이에서 갈등하기

30대는 가정에서만이 아니라 일에서도 자신의 자리를 확고히 해나가는 시기로 주어진 업무의 양도 많고 책임감도 점점 커진다. 가정은 가정대로 자신을 더 많이 필요로 하고, 직장은 직장대로 자신을 더 많이 필요로 하는 갈등의 정점에 놓이는 시기가 바로 30대이다. 일과 가정 사이의 갈등은 일하는 여성들이 더 심하게 겪지만, 남성들도 마찬가지로 갈등을 경험한다. 일을 하지 않고 가사를 전담하는 여성 역시 혼자서 육아와 가사를 모두 맡기는 어렵기 때문에 남편의 조력을 필요로 하지만 그 부분을 채워 주지 못하는 남편과 갈등하게 된다. 직장과 가정에서 모두 완벽을 추구하다가 너무 지쳐 번아웃 상태가 될 수 있으므로 유의해야 할 시기이기도 하다.

3) 경제적 안정과 불안정 경험하기

30대 시기에는 일을 하면서 안정적인 수입이 생기지만, 내 집 마련이나 자녀교육비 마련 등을 위한 저축이 많이 요구되는 시기이기도 하다. 한편, 경제적 안정기를 향해 나아가는 시기로, 경제적 상황과 관련된 긍정적 정서와 부정적 정서 경험의 강도가 다른 시기보다 강할 수 있다. 조금씩 경제적 안정을 찾아가는 것에 기뻐할 수 있는 반면, 경제적 어려움이 불안으로 다가오는 시기이다. 그리고 이로 인해 부부관계를 비롯해 가족관계나 친구관계에서 긍정적 관계가 일그러질 수 있어 그 고통은 더욱 크게 다가오고 이를 잘 다루면 잘 적응하지만 잘 다루지 못할 경우 상당한 위기에 직면할 수 있다.

6. 40대

1) 자녀의 성취와 실패 경험하기

자녀가 청소년기에 접어들면서 학업이 중요해지고, 실제 그 성과로 진학 또는 취업이 결정되는 시기이다. 자녀의 성공과 실패가 곧 자신의 성공과 실패로 느껴져서 자녀의 진학 또는 취업의 성공은 곧 자신의 기쁨이 되고, 자녀의 실패는 곧 자신의 좌절이 된다. 자녀가 성공할 수 있도록 정신적·물질적으로 잘 지원해야 하는 부모 역할에 대한 자기평가가 가장 많은 시기로, 자녀의 성공 여부에 따라 배우자와 부모로서 받는 평가가 달라진다고 생각한다. 이로 인해 필요 이상으로 자녀에게 학업이나 성취를 강요하기도 하고, 자녀의 성취에 대한 책임을 물으며 부부관계가 나빠지기도 한다. 따라서 자녀의 성취와 실패에서 느끼는 기쁨과 좌절에 푹 빠지기보다 자신의 일이 아니라는 점을 구분할 수 있어야 하고, 그로 인한 감정적 소모도 줄일 수 있어야 한다.

2) 사회적 지위의 획득과 상실 경험하기

40대는 사회적으로 자신의 입지가 확고해지는 시기로 자신이 속한 조직에서 중심이 되는 역할을 한다. 자신이 원하는 방향으로 일을 이끌어 나가면서 성취감을 느끼고 보람을 느끼는 시기이다. 반면, 갑작스런 해고나 실직이 나타나기 시작하는 시기이기도 해서 실직에 대한 불안이 높아지고 실제 실직을 할 경우 좌절감을 매우 크게 느낀다.

3) 갱년기 경험하기

40대에는 더 이상 젊지 않고 늙어 가고 있다는 것을 느끼기 시작한다. 신체적인 기능 면에서 능력이 감소하고 있다는 것을 알아차리게 되고, 실제 건강문제를 경험하는 경우도 많다. 다양한 갱년기 증상이나 성인병 초기 증상들을 경험하면서 건강이나 노화에 대한 불안이 높아진다. 또한 부모님의 질병과 사망을 경험하면서 이러한 불안이 더 높아지는 시기이다.

7. 50대

1) 늙어 감 경험하기

점점 건강이 악화되고 눈에 보이는 신체적·심리적 노화를 경험하면서 늙어 간다는 것을 실감한다. 배우자가 질병에 걸리거나 사망할 때 더욱 늙어 가는 것을 실감하면서 슬픔을 느낀다. 일에서도 은퇴를 해야 한다고 스스로도 느낄 뿐 아니라 주변으로부터도 강요받게 된다. 이러한 과정에서 이제 좀 쉬어도 될 만큼 그동안 수고했다고 스스로를 평가하는 경우는 자신의 삶에 대해 만족감을 느끼지만, 쫓겨난다고 느낄 경우 우울해질 수 있다. 이러한 부정적 정서까지 공유하는 사람으로 배우자의 존재가 더욱 중요해지고, 그 이전보다 배우자의 소중함을 더 크게 느끼는 시기이기도 하다.

2) 자녀의 독립과 할머니/할아버지 되기

자녀가 결혼을 해서 떠나면 부모로서의 의무를 다했다는 안도감을 느낀다. 또한 새롭게 맞이하는 며느리나 사위와 좋은 관계를 형성하는 과제를 맞게 된다. 자신이 기대했던 모습을 발견할 때는 기쁘지만 기대에 미치지 못할 때는 실망감도 크다. 그리고 실망감을 잘 다루지 못할 경우 서로 갈등하게 된다. 어떤 경우든 자녀의 결혼 이후 이어지는 손자나 손녀의 탄생은 온통 즐거움과 기쁨이다. 손자나 손녀와의 만남은 언제나 행복한 시간이고, 모든 부분을 수용해 줄 수 있다. 일하는 자녀를 돕기 위해 손자나 손녀의 양육을 돕기도 하는데, 체력적으로 소진되면서도 마음은 언제나 즐거움으로 가득하다. 또한 손자/손녀 양육 방식에서 자녀와 갈등할 수 있는데, 이때 자신의 감정을 잘 다루지 못하면 위기가 찾아올 수 있다는 점에도 유의해야 한다.

8. 60대 이후

1) 일선에서 물러나는 경험하기

누구나 일의 세계에서 은퇴하는 시기이다. 은퇴로 인해 경제적 사정도 달라지고, 시간적 여유도 많아진다. 취미생활로 여가를 잘 보내면 즐겁게 보낼 수 있는 반면, 여가 시간이 너무 많아 지루해지기도 한다. 은퇴를 하면 일만이 아니라 일과 함께 사람들도 떠난다. 다른 모든 기능도 약화되면서 점점 누군가의 돌봄을 받아야 하는 상황으로 이어진다. 이때 '퇴물 취급'을 받는다는 느낌을 경험한다.

　최근에는 평균 수명이 길어지고, 노령 인구의 경제활동을 장려하는 사회 분위기로 인해 첫 번째 은퇴 이후 새로운 학습과 사회참여 기회를 탐색하면서 생동감과 설렘을 느끼는 사람들이 늘고 있다.

2) 질병과 죽음에 대한 두려움에 맞서기

　배우자나 친구의 죽음을 맞이하면서 자신의 죽음도 가까운 현실이라는 것을 느낀다. 아프지 않을까, 얼마나 아파야 할까, 어떻게 죽게 될까, 죽음 이후에는 무엇이 남을까 등 질병이나 죽음에 대한 의문과 두려움이 가득한 시기이다. 따라서 질병이나 죽음에 대한 두려움에 맞서고 성숙하게 대응하기 위한 노력이 필요하다.

참고문헌

Brooks-Gunn, J., & Warren, M. P. (1989). Biological and social contributions to negative affect in young adolescent girls. *Child Development, 60*(1), 40-55.

Nottelmann, E. D., Inoff-Germain, G., Susman, E. J., & Chrousos, G. P. (1990). Hormones and behavior at puberty. In J. Bancroft & J. M. Reinisch (Eds.), *Adolescence and puberty* (pp. 88-123). New York: Oxford University Press.

Steinberg, L. (2013). The influence of neuroscience on US Supreme Court decisions about adolescents' criminal culpability. *Nature Reviews Neuroscience, 14*(7), 513-518.

3장

도덕성 발달과업

도덕의 어원은 예의, 범절, 습관, 생활양식에서 파생되었다. 즉, 도덕이란 모든 생활 영역에서의 인간행동과 인간관계에 관한 규율을 말하는 것으로, 일반인들로 하여금 그 집단 내에서 용인된 바람직한 행동규범에 부합되도록 행동하고 사고하게 하는 것이라고 할 수 있다. 도덕성은 사회생활의 규범에 합치하려는 마음, 즉 정서적 측면과 무엇이 사회적 규범에 합치하는가를 판단하는 지식, 즉 인지적 측면과 규범에 합치된 행동을 하는 도덕적 습관과 습성, 즉 행위적 측면을 포함한다. 이 장에서는 이 세 요소 중 행위적 측면에 초점을 맞추었다. 그리고 인생의 각 단계에서 누구나 당면하고 해결해야 하는 도덕성 발달과업으로서 우리나라 일반인들이 요청하는 과업들에는 어떤 것들이 있는지 탐색하였다. 그 결과 각 발달단계에 등장한 발달과업은 차후 연령대까지 지속되는 경향이 있고, 그 지속 기간은 발달과업에 따라 다양하게 나타났다.

1. 유아기

1) 말과 행동을 정직하게 하기

가정을 벗어나 본격적으로 친구들을 만나게 되는 유치원 시기부터 유아는 친구들과 적극적인 상호작용을 하게 된다. 그러나 이 시기의 아동은 자기중심성에서 충분히 벗어나지 못하여 남의 물건을 훔친다거나 빼앗기도 하며 거짓말을 쉽게 하기도 한다. 유아는 이러한 일들이 나쁜 일이라는 것을 알아야 하고, 나아가 타인의 입장을 배려하지 못한 처사이며 상호존중과 신뢰를 깨뜨리는 일이라는 것까지 이해할 필요가 있다. 그리하여 원만한 인간관계를 이루는 기틀을 마련할 필요가 있다. 유아들이 이러한 발달과업을 잘 이루기 위해서는 부모나 교사의 적절한 가르침이 필요하다.

2) 웃어른에 대한 예의 갖추기

유아기의 인간관계를 수평적 관계와 수직적 관계로 나누어 다음과 같이 살펴볼 수 있다. 수평적 관계는 또래와의 관계로서 여기에는 상호존중이 중요하다. 한편 수직적 관계는 부모나 웃어른과의 관계로서 여기에는 지켜야 할 예의가 있다. 이 시기에 습득해야 할 발달과업으로서의 웃어른에 대한 예의로는 존댓말 하기와 인사 잘하기를 들 수 있다. 이것은 사회생활을 하는 데 필요한 기본 규칙이기도 하여 이 시기에 반드시 습득해야 할 과업이다.

3) 공중도덕 및 질서 준수하기

유아기는 가정생활에서만 머물러 있다가 사회로 나가 사회의 구성원으로서 행동을 하기 시작하는 시기이다. 따라서 이 시기에 사회의 일원으로서 갖추어야 할 기본 규칙을 배워야 한다. 이 시기에 특히 습득해야 할 과업은 교통질서를 비롯한 질서 준수하기와 쓰레기를 함부로 버리지 않는 행위이다. 교통 규범을 지키는 일은 바깥에서의 활동이 익숙지 않는 유아들의 안전을 위해서 특히 애써 배워야 할 과업이다. 그리고 남을 배려하는 마음에 기초하여 쓰레기를 함부로 버리지 않는 법을 배워야 한다.

2. 아동기

1) 정직하고 책임감 있게 언행하기

초등학생 시기의 아동은 정직하고 책임감 있는 언행을 학습하여 몸에 익히는 일을 함으로써 인격의 기초를 형성할 필요가 있다. 초등학생은 취학 전 시기에 비해 인지적·정서적·행동적으로 보다 더 발달이 이루어지므로 도덕성 발달이 깊어지고 넓어지게 된다. 이제는 왜 거짓말을 하지 않아야 하는지, 시간 약속은 왜 지켜야 하는지를 알고 이를 실천할 수 있게 되며, 더 나아가 자신의 말에 책임을 지고 말과 행동이 일치하도록 하는 것이 필요하다. 그리고 시험 칠 때 부정행위를 하지 않음으로써 학업행동에서도 정직성을 실천하며, 자신의 일을 남에게 미루지 않음으로써 책임감을 실천하는 것이 필요하다. 초등학생도 가끔 술, 담배를 하는 경우가 있는데, 이때 아동은 이러한 일이 자신의 건강에 얼마나 해로운지를 인식하고 자신의 건강에 대한 책임 의식을 가져 금주와 금연을 실천해야 한다.

2) 친구들과 사이좋게 지내기

초등학생 시기는 타인의 입장을 이해할 수 있는 능력이 생김으로써 친구들과의 상호작용이 본격적으로 이루어지는 시기이다. 이 시기의 아동은 친구들과의 관계에서 가능한 한 갈등을 최소화하고 사이좋게 지내기 위한 방법을 습득할 필요가 있다. 그러기 위해서는 친구에게 욕설을 하거나 친구를 때리거나 괴롭히거나 왕따를 시키는 일 등을 삼가고 사이좋게 지내도록 노력해야 한다. 이러한 발달과업의 성취는 사회성 발달의 기초가 된다.

3) 웃어른에 대한 예의 갖추기

웃어른에 대한 예의는 인생의 모든 단계에서 중요한 예의로서 발달 시기에 맞는 적절한 행동을 통하여 습득된다. 초등학생 시기는 부모님 말씀뿐 아니라 선생님 말씀을 잘 듣는 것이 중요하기 때문에 선생님에게 충동적으로 무례하게 대하는 일은 없도록 해야 한다. 선생님의 말씀을 잘 듣고 공손하게 대함으로써 웃어른을 공경하는 습관을 기른다. 웃어른을 공경하는 마음은 또한 노인이 힘든 일을 하고 있을 때 도와주는 행동을 함으로써 표현될 수 있다.

3. 청소년기

1) 정직하고 책임감 있게 언행하기

청소년기가 되면 초등학생 시절 선생님의 말씀을 통해 듣고 실천한 정직하고 책임감 있는 언행이 흐트러질 수 있다. 그러므로 계속 이에 대한 노력을 해야 한다. 아동기의 발달과업 내용이었던 거짓말하지 않기, 도둑질하지 않기, 약한 자의 돈을 빼앗지 않기, 시험 칠 때 부정행위하지 않기, 성적표를 위조하지 않기, 말과 행동이 일치하기, 술이나 담배를 하지 않기 등이 청소년기에도 주요 발달과업 내용이 된다. 그 외에도 남에게 피해를 준다든가 불량서클에 가입하여 나쁜 짓을 한다든가 마약이나 약물을 하는 등의 행동을 하지 않도록 한다.

2) 친구들과 사이좋게 지내기

아동기와 마찬가지로 청소년기에도 친구들과 올바른 행동을 하며 사이좋게 지내는 법을 배워야 한다. 청소년기에 들어서면 자아정체감을 찾기 위한 일환으로 또래집단과 동일시하는 경향이 있다. 이때 청소년들은 무리를 지어 지내며 그들 집단에 소속하지 않는 친구를 괴롭히거나 왕따를 시키거나 뒤에서 헐뜯는 일을 하는 경우가 있다. 그러므로 이 시기에 이러한 일들을 하지 않도록 조심해야 한다. 즉, 또래집단 간의 신뢰를 중시하고, 편 가르기를 하지 않으며, 남에게 상처 주는 말을 하지 않아야 한다. 그리고 친구를 배려하는 마음을 가지며 어려운 친구가 있을 때 도와줄 수 있어야 한다. 청소년기에는 이러한 친사회적 행동들이 가치관의 확립과 함께 표현됨으로써 인격의 일부로 자리 잡게 된다.

3) 웃어른을 예의 있게 대하기

청소년기는 부모님에게서 독립하여 자아정체성을 찾고자 하는 욕구가 일어남으로 인해 부모님과 의견 충돌이 일어나기 쉬운 시기이다. 이때 청소년들은 부모님 말씀을 잘 듣고 부모님을 도와드리면서 부모님께 효도하는 마음을 잊지 않음으로써 부모님과 원만한 관계를 유지하는 것이 필요하다. 청소년들의 반항은 학교 선생님에 대해서도 일어날 수 있다. 청소년들이 학교 선생님에게 인사성을 바르게 할 뿐 아니라 수업시간에도 선생님에게 협조적이어서 수업진행을 방해하지 않는 것은 청소년기의 도덕성 발달에 중요하다. 웃어른에 대한 예의는 일반 어른이나 노인에게도 나타나야 한다. 그리하여 어른이나 노인에게도 공경심을 가지고 인사를 바르게 하고 버스에서 자리를 양보하며 봉사하도록 한다.

4) 규칙과 질서 준수하기

청소년들은 부모님께 반항하고 친구들과 반사회적 행동을 하기도 한다. 이에 따라 나타날 수 있는 행동은 가출을 한다든가, 허락 없이 외박을 한다든가, 면허 없이 오토바이를 탄다든가, 청소년 출입금지 구역을 출입한다든가, 폭력을 행사한다든가, 원조교제를 하는 것들이다. 청소년들은 사회적 질서를 위해 법과 규칙을 지켜야 함을 알고 이러한 행동을 하지 않도록 해야 한다. 물론 어릴 때부터 배워 온 기본 규칙과 질서들뿐 아니라 인터넷 시대에 사는 네티즌으로서의 네티켓도 잘 지킬 수 있어야 한다.

4. 20대

1) 성윤리 지키기

20대에는 성인으로서 결혼을 준비하기 위하여 이성과의 사귐이 이루어지고 생물학적으로는 성행동이 활발할 수 있는 시기이다. 그러므로 이성에 대한 예의를 지키고 성적인 책임을 다 하는 법을 이 시기에 습득하여야 한다. 또한 데이트 폭력, 성폭행을 한다든가 인신매매나 불법 성매매 등은 하지 않아야 한다. 그리고 인터넷을 통해 음란물 사이트를 만들어 불건전한 성문화를 조장하는 행위를 하지 않아야 하며, 건전한 성문화 생활을 통해 성윤리를 터득해야 한다.

2) 경제 윤리 지키기

20대에는 경제적인 독립을 이루어 본격적인 경제생활을 시작하는 시기이다. 이때 건전한 경제생활을 하기 위하여 노력하지 않으면 자칫 유혹에 빠져 잘못된 길로 가기 쉽다. 따라서 규모 있는 경제생활을 하지 아니하여 도둑질을 한다든가, 카드빚을 진다든가, 신용불량자가 된다든가, 공금을 횡령한다든가 하는 일이 없어야 한다. 경제적 목적으로 기업의 비밀을 유출시킨다든가, 주민등록 번호를 불법 도용한다든가, 취직의 목적으로 이력서를 허위로 기재하는 일 또한 없어야 한다. 불법 도박을 하는 일도 20대에서 특히 해서는 안 되는 과업이다.

3) 개인적 · 사회적으로 정직하고 책임감 있는 언행하기

20대에는 마지막 학교생활인 대학생활을 하면서 시험에서 부정행위를 저지르는 경우가 있는데, 이는 초등학교부터 시작하여 마지막 대학에 이르기까지 하지 않아야 할 행동이다. 남학생들은 대체적으로 20대에 군복무를 하게 된다. 이때 불법을 저질러서라도 국방의 의무를 피해 보고자 하는 유혹이 있을 수 있으나 국방의 의무를 소홀히 하지 않도록 해야 한다. 20대가 되면 또한 운전면허를 취득하여 운전을 할 수 있게 되는데, 이와 관련하여 무면허 운전을 한다든가 음주운전을 하지 않아야 한다. 자기가 한 말과 행동에 대한 책임과 사회구성원으로서의 책임감은 초등학생 시절부터 줄곧 익혀야 할 발달과업이다. 특히 직장생활을 하게 되면서 직장생활을 충실히 하는 것이 중요한 발달과업이 된다. 그리고 사회생활을 하는 데 필요한 예의범절을 지키며 범죄를 저지르지 않는 것이 필요하다.

4) 타인에 대한 배려하기

20대는 성인으로서 후배들에게 모범을 보이는 자세를 가질 필요가 있다. 한편 20대는 어린 시절처럼 부모님께 효도하고 어른과 노인을 공경하며 노인에게 자리를 양보하는 일을 계속해야 한다. 이러한 일들은 남을 배려하고 상대방의 인격을 존중하는 마음에서 우러나와야 하며 이러한 배려심은 동료들뿐 아니라 낯선 사람들에게도 나타내 보여야 한다.

5) 공중도덕 지키기

교통질서를 지키고 공중도덕을 지키는 일은 초등학생 시절부터 지켜져야 할 일이다. 청년이 되어 담배를 피우기 시작하는 경우가 있는데, 이때 담배꽁초를 함부로 버리지 않도록 한다. 공공장소에서의 에티켓뿐 아니라 인터넷 사용 시에도 네티켓을 지키도록 해야 할 것이며, 공공장소에서는 큰 소리로 음악을 듣는다든가 통화를 하지 않는 것이 필요하다.

5. 30대

1) 가정생활 잘 하기

30대에는 많은 사람이 결혼을 하여 가정을 이루게 된다. 새로운 가정을 형성해 가는 과정에서 원만한 가정을 만들기 위해서는 노력을 기울여야 할 일들이 있다. 이는 배우자와 자녀와 함께 생활을 하면서 가정에 대한 책임을 다 하는 일이다. 부부간에 서로를 존중하고, 자녀에게 모범을 보이며, 자녀를 올바르게 키우기 위해 노력하고, 자녀를 학대하지 않아야 한다. 그리고 부부 모두 외도를 하지

않고, 술 마시고 행패를 부리지 않으며, 불법업소를 이용하지 않아
야 한다.

2) 경제 윤리 지키기

30대에서의 경제생활은 혼자만의 개인생활이 아니라 가정을 꾸
리는 공동생활이다. 가정의 경제생활을 원만히 이루기 위해서는
경제생활과 관련한 불법행위를 하지 않도록 하고 자기 분수에 맞
는 생활을 해야 한다. 돈과 관련한 욕심으로 인해 불법도박을 하거
나 뇌물을 주고받는 등의 유혹에 빠지지 않도록 해야 한다. 그리고
과도한 업적주의에 매몰되어 부정적인 방법으로 성과를 얻으려고
하지 않아야 한다.

3) 반사회적 행동을 하지 않고 책임감 있는 행동하기

청소년 시기부터 발달과업이 되어 온 마약 및 약물 하지 않기와
폭력을 행사하지 않기, 20대부터 발달과업이 되어 온 불법 성매매
하지 않기와 음주운전 하지 않기 등이 30대에도 중요한 발달과업
이다. 그리고 초등학생 시기부터 과업이 되어 온 자기의 언행이나
맡은 바 일에 책임을 다하고 최선을 다하는 일도 여전히 이 시기의
발달과업이다.

4) 남에 대한 배려와 공공질서 지키기

남을 배려하고 공공장소에서 에티켓을 지키는 일, 운전예절을

지켜 남에게 피해를 주지 않는 일, 교통질서를 지켜 자신과 사회의 안녕을 추구하는 일, 노인을 공경하고 배려하는 일 등은 이 시기의 발달과업이 되고 있다. 이 가운데 교통질서를 지키는 일은 유아기부터, 노인공경은 초등학생 시기부터, 남에 대한 배려는 중·고생 시기부터, 공공장소에서의 에티켓과 운전예절 지키기는 20대부터 줄곧 지켜야 할 과업이다.

6. 40대

1) 가정생활 잘 하기

30대와 마찬가지로 40대에도 원만한 가정생활을 꾸리기 위하여 가정에 충실히 한다. 이를 위해 배우자에 대한 정조를 지키고, 아이들에게 모범을 보이며, 아이들 앞에서 싸우지 않는다. 그리고 자녀교육을 잘 시킴과 동시에 양가 부모님께 효도한다. 물론 아동 학대나 가정폭력을 하지 않는다. 술 마시고 행패 부리는 일도 없어야 한다.

2) 경제 윤리 지키기

40대에도 30대와 마찬가지로 정당한 방법으로 경제 활동에 참여하여 자기 분수에 맞는 생활을 한다. 불법 도박을 한다든가 뇌물을 주고받거나 하지 않고, 부나 명예에 대한 사회의 유혹에 현명하게 대처한다. 특히 40대는 이러한 유혹이 심한 시기이다.

3) 남에 대한 배려와 법 준수하기

중등학생 시기부터 익혀 온 남에 대한 배려를 40대에도 잊지 않아야 하며, 이러한 마음을 고수하여 자칫 저지르기 쉬운 성희롱이나 성추행을 하지 않도록 한다. 공중도덕을 지키는 일도 남을 배려하는 마음에서 나오도록 한다. 40대에 오면 여러 유혹에 이끌려 법을 지키는 일에 무감각할 수 있으므로 법을 잘 지키도록 하고, 특히 납세를 잘 하도록 한다. 술자리가 많다 하더라도 음주운전을 하지 않아야 한다. 또한 종교적으로 이탈하여 사회적으로 문제가 되는 사이비 종교에 현혹되는 일이 없도록 한다.

7. 50대

1) 가정생활 잘 하기

50대에도 30, 40대와 마찬가지로 가정에 충실하여야 한다. 남편과 아내는 외도를 하지 아니하고 가정에 충실해야 한다. 아이들에게는 모범이 되며 양가 부모님께 효도한다. 자식들을 키우느라 한동안 소홀히 했을 수 있는 형제자매 등도 챙긴다. 50대가 되면 배우자가 퇴직하는 경우도 있는데, 이때 배우자를 구박하지 않는다. 자녀들은 성장하여 직장을 구하고 결혼을 준비하게 되는데, 이때 자녀들에게 자신의 가치관을 강요하거나 자신의 명예를 위해 자식 결혼을 강요하지 않는다. 자녀를 결혼시킬 때 사돈 될 집안에게 과도한 혼수를 요구하여 물의를 빚지 않도록 한다. 또한 결혼한 자식과 며느리를 구박하여 부자간, 고부간 갈등이 일어나지 않도록 하는 것이 50대의 주요 과업이다. 그리고 손자와 손녀가 태어나면 조부모로서 잘 해 주는 것이 필요하다.

2) 공중도덕과 법 준수하기

유아기부터 지켜온 공중도덕은 50대에서도 소홀히 해서는 안 되는 과업이다. 직업인으로서 사는 동안은 국가에 대한 납세 의무를 계속 실천한다. 그 외 사기나 횡령 등의 불법적 경제행위를 하지 않도록 한다. 성과 관련한 불법행위인 불법 성매매나 불법 유흥업소 출입도 하지 않도록 한다. 건전한 음주문화 실천을 위해 술 마시고 행패를 부리거나 음주운전을 하는 일도 없어야 한다.

3) 일에 대한 책임감과 타인에 대한 배려하기

퇴임을 앞두고 긴장을 풀기 쉬우나 끝까지 최선을 다하여 선배로서의 모범을 보인다. 경륜을 갖춘 연장자로서 남의 말에 귀를 기울이고 조언을 할 수 있어야 한다. 50대에는 높은 지위와 권력을 갖출 수 있는 시기인데, 이때 이러한 것들을 남용하지 않고 지위가 낮고 나이가 어리더라도 예의 있게 대해야 한다.

8. 60대 이후

1) 가정생활 잘 하기

60대에는 자녀들이 떠나가고 부부만 남게 되므로 그동안 자녀에게 기울인 정성을 배우자에게도 기울여 배우자를 잘 돌보고 챙기도록 한다. 혹시 자녀를 결혼시킬 때는 사돈 될 집안에게 과도한 혼수를 요구하지 않도록 하고 며느리나 사위를 친자식처럼 대한다. 아이들에게 좋은 교훈을 주도록 노력하고 본인의 건강도 잘 챙겨서 자식들의 짐을 덜어 주도록 한다. 또한 자식으로부터 보상받으려는 마음을 버리는 것도 필요하다. 연령이 높아지면 고집이나 독선이 강화되는데, 이 점을 고치기 위해 전통적인 생활방식을 고수하지 않고 다른 사람의 의견을 경청하려고 노력한다.

2) 남에 대한 배려와 공중도덕 지키기

60대에 들어서면 사회에서 연령상으로는 가장 높은 연령층에 해당하게 되는데, 이로 인해 생길 수 있는 무례함이나 비도덕적인 행동을 조심해야 한다. 우선 나이를 내세워 무조건적 양보를 강요하지 않아야 한다. 그리고 세대 간의 차이를 수용하지 못해 무조건 젊은 사람만 책망하지 않아야 한다. 아랫사람을 존중하고 공공장소에서 교양 있게 행동해야 한다. 몰염치함과 신체적 허약함으로 인해 노상방뇨를 한다든가 술 마시고 행패 부리는 일을 하지 않아야 한다.

4장

진로 발달과업

이 장에서는 개인의 전 생애 진로 발달과업을 다룬다. 진로 발달 과업은 개인이 삶에서 직업을 중심으로 펼쳐지는 일의 세계에 원만하게 적응하기 위해 각 발달단계에서 무엇을 해야 하는지에 관한 것이다. 개인이 직업을 갖는 시기는 대개 20대 이후이지만 그것에 대한 준비는 생애 초기부터 시작되기 때문에 유아기 진로 발달 과업부터 논의하였다. 또 개인마다 직장에서 은퇴하는 시기에는 차이가 있지만 그 이후에도 일은 계속되기 때문에 이후의 진로 발달은 60대 이후로 표현하였다.

1. 유아기

1) '직업'이 있음을 알기

이 시기에 유아들은 어렴풋이나마 부모가 '일'을 한다는 것을 인지한다. 직업은 많은 것을 제약하지만 누구나 가져야 한다는 것을 알게 되며, 직업 때문에 감정적인 충족이나 순간적인 쾌락을 잠시 희생해야 한다는 것을 알게 된다. 직업을 쉽사리 버리지 않는 부모의 모습을 통해 삶에서 직업이 필수적인 것임을 감각으로 익히게 된다.

유아들은 역할놀이를 매우 좋아하여 2명 이상의 유아가 모이면 엄마놀이, 병원놀이, 선생님놀이 등을 한다. 자신에게 중요한 생활 경험을 놀이를 통해 재현하게 되는데, 역할극 속에는 여러 가지 직업의 모델이 등장한다. 다양한 모델의 삶을 놀이 속에서 재현하도록 허용하고 촉진함으로써 어른이 되면 누구나 직업인이 된다는 것을 자연스럽게 받아들이도록 할 필요가 있다.

진로 발달에 대한 새로운 관점-우연학습이론

최근에는 진로 발달을 연령에 맞춰 제시한 것과 다른 관점들이 등장하고 있다. 현대인에게 진로 발달은 연령에 따라서 정해진 순서대로 이뤄지는 것 이상의 복합적인 현상이라는 것이다. 개인마다 부여받은 직업적 환경과 선천적 특징에 차이가 있으며, 현대화가 진행될수록 직업의 세계는 빠르게 변화하고 개인 또한 길어진 수명에서 더 오랜 기간 학습하고 성장하면서 진로 발달을 이루게 된다. 이러한 역동적인 현실 속에서 진로학자들은 개인의 진로 발달은 연령에 따라 예측하기 어렵고 한 번의 직업 선택과 적응으로 마무리되지도 않는다는 깨달음을 이론에 반영하기 시작하였다.

그 대표적인 것 중 하나가 우연학습이론이다. 우연학습이론은 개인의 진로가 논리적이거나 합리적으로 발달하는 것이 아니라 개인의 우연적 경험에 의해 열린 길을 통해 안내되는 과정이라는 것을 골자로 한다. 개인의 진로는 이러한 우연을 어떻게 만들고 대응하느냐에 따라 달라질 수 있다. 우연은 의도치 않게 예측 불가능하게 찾아오는 것이기는 하지만 개인이 어떤 환경에서 생활하느냐에 따라 우연적 기회를 만날 수 있을지가 결정되며, 어떤 준비와 태도를 갖추었느냐에 따라 그 기회를 얼마나 활용할 수 있는지가 결정되기 때문이다.

우연학습이론에서는 개인이 성공적인 진로를 개척하기 위해 필요한 것으로 우연을 만들고 다루는 데 도움이 되는 다섯 가지 기술을 다음과 같이 강조한다. 첫째, 호기심을 가지고 새로운 학습과 경험의 기회를 탐색하는 것이다. 둘째, 좌절에도 불구하고 인내심을 가지고 지속적으로 노력하는 것이다. 셋째, 융통성을 발휘하여 태도와 상황을 변화시키는 것이다. 넷째, 상황을 긍정적으로 바라보는 낙관성을 지니는 것이다. 다섯째, 불확실한 결과 앞에서도 행동을 실행하는 위험을 감수하는 것이다.

현대사회 직업세계의 구조적 변화가 빠르게 진행되면서 우연학습이론 외에도 새로운 진로이론들이 많이 등장하고 있다. 새로운 진로이론들은 개인이 진로 발달 과정에서 열린 사고를 가지고 맥락의 변화를 받아들이며, 그것이 자신에게 어떤 의미를 지니는지 넓고 깊게 성찰하여 주도적으로 선택하며 적응할 것을 강조한다.

이 시기에 유아들에게 가장 중요한 진로 발달과업은 많은 경험을 통하여 직업의 세계를 알아가기 시작하는 것이다. 유아들이 하는 '일' 경험은 주로 놀이로 구성된다. 유아들은 소꿉놀이 같은 역할극을 통해 개개인은 사회 속에서 역할을 담당하고 있음을 알게 된다. 유아들은 어른들과의 상호작용을 통해 부모를 비롯한 가까운 성인의 역할 속에는 '일'이 있음을 알게 된다. 그리고 일이란 어른의 생활에 필수적인 부분이고 일을 해서 힘이 들기도 하지만 기분이 좋아지기도 한다는 것을 인지하게 된다. 유아들에게 어른들은 지속적으로 일을 하며, 일을 통해 '돈'을 벌게 된다는 것을 깨닫도록 돕는 것이 필요하다.

2) 건강한 생활습관 형성하기

건강한 생활습관을 지닌 직업인으로 성장하기 위해 유아기부터 건강한 생활습관을 형성하는 것이 중요하다. 유아는 하루 생활이 먹기, 잠자기, 일하기, 놀거나 휴식하기로 이루어져 있음을 생활을 통해 인지한다. 유아에게는 일상에서 자기 나름의 리듬을 찾아 가족 및 사회와 조화를 이루는 건강한 습관을 형성하는 것이 필요하다.

유치원에 다니면서 유아들은 정해진 시간에 등원을 한다. 유치원 일과 속에서 일정한 시간에 식사를 하고, 간식을 먹고, 자유놀이와 신체활동 등을 하여 자신의 활동이 정해진 시간에 규칙적으로 배열되는 경험을 하게 된다. 대부분의 직장은 작업 시간과 휴식 시간을 분리하고, 특별히 출퇴근에 적용되는 규칙이 있다. 유아기 때부터 규칙적인 생활습관을 몸에 익힘으로써 진로 발달을 시작하게 된다.

따라서 유아기에 규칙적이고 건강한 생활습관을 자연스럽게 형성하도록 본보기를 보여 주며 지속적으로 지도해야 한다.

3) 친구 사귀기

대인관계 형성 및 유지, 의사소통, 집단의 규칙 준수 등은 유치원 시기에 습득할 수 있는 직업기초능력에 해당한다. 직업기초능력은 유아가 앞으로 어떤 직업에 종사하든 직업에서 성공하기 위해 지녀야 할 능력이자 태도이다.

이 시기에 친구를 사귀면서 의사를 전달하고 전달받으며, 상대방의 마음을 이해하고 자신의 마음을 이해시키며, 관계를 유지하고 관계 속에서 긍정적인 영향을 미치는 사람이 되기 위해 자신이 어떻게 행동해야 하는지를 자연스럽게 익힐 수 있다. 친구관계에 대한 긍정적인 태도를 가지고, 친구를 위해 주며, 친구와 나누는 방법 등을 지도함으로써 건강한 우정관계 형성 방법을 충분히 익히도록 지도해야 한다.

4) 독립심 기르기

유아가 성장하면서 밥 먹고, 옷 입고, 신발을 신는 등 자신의 일을 혼자서 할 줄 알게 된다. 유아는 동생이 태어나거나 유치원 생활을 시작하게 되면서 부모의 손길이 미치지 않는 곳에서 자신의 소소한 일들을 스스로 하는 습관을 기르게 된다.

유치원에 등원한 후 누가 도와주지 않아도 스스로 옷을 벗어서 옷걸이에 걸고, 하원할 때 자기 가방과 소지품을 찾아 챙기며 즐겁게 집으로 돌아오면서 유아는 자긍심을 체험하게 되고 칭찬도 받는다. 유치원 시기는 스스로 해내면서 느끼는 긍정적인 정서와 인정을 경험하면서 점차 독립심을 키우는 출발점이다. 유아 스스로 무엇인가를 해 보려고 할 때, 인내심을 가지고 지켜봐 주면서 칭찬과 격려를 아끼지 않음으로써 독립심을 길러 줄 필요가 있다.

2. 아동기

1) 흥미와 능력을 인식하기

초등학교에 들어가서 또래들과 함께 다양한 학과목을 공부하면서 여러 과목 중에 좀 더 흥미를 느끼게 되는 과목이 생기게 된다. 책에 파묻혀 책벌레가 되는가 하면, 어떤 아동은 공부에는 도통 흥미를 보이지 않고 운동이나 놀이에만 몰두하기도 한다.

아동이 어떤 활동에 몰두하는지를 면밀히 지켜보면 직업흥미와 능력을 파악할 수 있다. 대개는 흥미 있어 하는 활동을 자연스럽게 반복하고, 그러다 보면 그 분야의 능력도 습득하게 된다. 아동의 직업적 특성을 발견하기 위해서는 놀이를 오래 한다고 나무라기보다 어떤 놀이의 어떤 부분에서 재미를 느끼는지 관찰하는 것이 중요하다. 그러나 초등학교 아동들의 흥미는 강하게 표현되는 반면 빠르게 바뀌기도 한다. 초등학교 아동에게는 강한 흥미를 느끼는 분야가 빠르게 바뀌는 것이 자연스러운 일이다. 따라서 부모는 자녀가 어떤 분야에 흥미를 느끼고 어떤 분야에서는 능력까지 발달시키는지를 지켜보면서 자녀의 진로 특성을 파악할 필요가 있다. 때로는 자녀가 보이는 흥미와 능력을 인정하고 지지해 주며, 때로는 새로운 흥밋거리를 제공함으로써 진로선택의 폭을 넓혀 주는 것이 좋다.

2) 성역할 정립하기

초등학교 기간 동안 성에 대한 태도에는 많은 발달과 변화가 일어난다. 아동마다 개인 차이는 있겠지만 성역할 학습을 위해 남자와 여자를 명확히 구분하고 남녀의 일을 나누는 데 열중하며 이성에 대해 배타적인 태도를 취하는 시기에서부터 사춘기를 겪으며 이성교제에 열중하는 시기까지가 모두 초등학교 시기에 해당한다. 이 시기에 부모와 교사는 인간으로서의 남성과 여성, 각자 개성의 차이가 있을 뿐 동등한 권리와 능력을 가진 인격체로서의 남성과 여성, 서로의 차이를 존중하고 협동하는 관계에 있는 남성과 여성을 가르치고 본보기를 보여서 융통성 있고 건전한 성역할을 수립하도록 도와야 한다. 남자 어른과 여자 어른 간의 평등하고 서로 존중하는 관계, 가사노동과 전문적인 일에 대한 유연한 역할 채택 등 어른들 스스로가 유연한 성역할을 수행함으로써 아동이 자연스럽게 성역할을 수립할 수 있도록 할 필요가 있다.

3) 리더십 기르기

아동들은 학교생활을 통해 사회를 체험하면서 리더십을 기른다. 학기 초에 서로 모르는 가운데 조심스럽게 교제를 시작하며 탐색하다가 반장선거, 시험, 교내외 활동 등에서 어느 새 자연스럽게 리더가 정해진다. 현대 사회에서 리더는 어떤 한 사람에게 부여되는 '직함'이 아니라 생활 장면별로 더 많은 책임을 부여받고 더 많이 고민하는 사람에게 일시적으로 부여되는 '역할'이다. 아동들 누구나 어떤 장면에서는 리더가 되고 어떤 장면에서는 팔로워가 되기도 한다. 초등학생들에게는 앞에서 이끄는 역할이나 뒤에서 협조하는 역할 모두에 유연하게 대처하며, 학급이나 방과 후 활동에서 조직의 성장에 기여하도록 조언하고 이끌어 주는 멘토로서의 부모가 필요하다.

리더십을 기르는 또 하나의 주된 방법은 봉사활동을 통해서이다. 초등학생들에게 봉사활동은 남에게 도움을 주는 행위일 뿐 아니라 생활반경을 넓히고 다양한 직업인을 만날 수 있는 통로가 된다. 또한 초등학생은 자신이 행하는 봉사활동을 통해서 도움을 받

고 기쁨을 얻는 체험을 하면서 자존감도 높아질 수 있다. 봉사활동
은 자신이 사회의 어디에 속해 있는지, 사람들은 무엇을 필요로 하
고 어떤 것에 기쁨과 보람을 느끼는지, 남을 돕고 어울려 사는 방법
은 무엇인지에 대한 세부적인 사항들을 체험을 통해 배울 수 있는
산 교육의 장이다. 초등학생 대상 봉사활동 프로그램은 대개 부모
와 함께 참여하도록 되어 있고, 봉사활동 전후에 자녀와 함께 나누
는 대화가 자녀의 진로개발에 큰 도움이 되기 때문에 부모 스스로
가 봉사활동을 실천하는 것이 좋다.

4) 직간접 경험하기

이 시기에 아동은 학교에 들어가서 여러 과목을 체계적으로 배
우며, 다양한 방면의 학습을 하게 된다. 이에 따라 다양한 분야에
대한 호기심도 증가한다. 독서를 하면서 다양한 모습의 생활양식
과 직업인을 접할 수 있으며, 일상적으로 만나는 많은 사람이 다양
한 직업을 가지고 있음을 알 수 있게 된다.

아동기의 여행은 기억에 남는다. 여행하면서 직면하는 다양한
경험을 통해 세상에는 여러 직업이 있음을 알게 되고, 각각의 직업
을 가진 사람들이 살아가는 생활 모습도 보게 된다. 여러 가지 삶의
모습 중 더 관심이 가는 것이 무엇인지, 어떤 삶의 모습을 동경하는
지, 어떤 삶의 모습을 싫어하거나 두려워하는지 등에 대하여 직접
보고 느낄 수 있다. 이러한 체험담을 부모와 함께 그때그때 나누면
서 직업세계에 대한 더 넓고 깊은 이해를 할 수 있다. 초등학교 시
기에는 자녀가 여행 기간 동안 독립된 구성원으로서 참여할 수 있
어서 그 이전 시기보다 부모의 손길을 덜 필요로 하며, 직접 보고

접촉하는 것을 통해 사고 세계가 넓어지는 시기이기도 하다. 또한 우리나라 학교나 입시제도에서 중·고등학교 시기에 가족 여행을 가기는 쉽지 않다는 점을 고려할 때, 초등학교 시기에 부모와 함께 풍부한 여행 체험을 갖는 것은 이후 풍요로운 진로탐색의 밑거름이 될 수 있다.

5) 저금하기

저축은 습관이다. 초등학교부터 자신에게 생긴 돈의 일부를 미래를 위해 저축하는 습관을 기르는 것은 미래를 위한 재정계획의 일부를 실천에 옮기는 것이다. 저축한 돈으로 무엇을 할지 생각해 보고, 더 의미 있는 사용처는 어디일지 찾아보며, 충동적인 군것질이나 소비는 되도록 하지 않으면서 자신의 돈이 많아지는 경험을 하며 절제의 기쁨을 느끼는 것이 중요하다. 마시멜로 실험이 증명하듯이 즉각적인 만족을 지연시키는 능력은 생애 후반의 성공과 직결되며, 초등학교 시기의 소액 저축은 재정적으로 안정된 삶의 시작이 될 수 있음을 인식하여 미래를 위한 준비태도를 기를 수 있도록 지도해야 한다.

3. 청소년기

1) 독서를 통한 간접경험 쌓기

청소년기에는 추상적 사고능력이 형성되어 직접 보고 만지지 않아도 많은 내용을 이해할 수 있다. 또한 학습의 양이 급격히 많아지고 난이도가 높아지기 때문에 학교 공부 이외의 직접적인 경험을 하기가 쉽지 않다. 이때 삶의 모델을 수립하는 데 도움이 되는 인물이나 사건, 객관적인 시각으로 미래 세계의 흐름을 전망하도록 하는 책, 꿈을 이루는 과정에서 겪게 되는 기쁨이나 위기 극복 사례들을 다룬 책들을 접하는 것은 진로 발달에 도움이 된다.

독서는 직접체험보다 적은 시간을 들여 많은 것을 알게 하고, 선대 인물들의 내면세계를 더 심도 깊게 접하게 하는 장점이 있음에도 불구하고 우리나라 청소년의 현실에서 충분히 실천되기 쉽지는 않다. 학생들은 더 이른 나이에 입시에 뛰어드는 경향이 있고, 그에 필요한 성적이나 경험들을 쌓기 위해 분주하다. 그래서 독서할 시간을 지속적으로 낸다는 것이 쉽지 않은 일이기 때문이다.

부모가 자녀의 학교생활에 깊은 관심을 가지고, 학교에서 권장하는 책의 목록들을 주의깊게 살필 필요가 있다. 가능하다면 학교에서 배우는 내용과 일치되거나 학교 교육 내용을 좀 더 심화시키는 정도로 책들을 구비하고 함께 읽어 나가면 큰 도움이 될 것이다.

2) 자율성 기르기

사춘기를 제2의 탄생기 또는 심리적 이유기라 부르는 이유는 그동안 자신의 행동기준이 되었던 부모의 사고 틀에서 벗어나 스스로의 판단기준을 설정하고 실험해 보려 하며, 또한 그래야 하는 시기이기 때문이다. 청소년들은 부모의 말에 따르지 않으면서 부모와 힘겨루기를 한다. 특히 중학생 시기에는 부모에 대한 반항이 다양한 영역에서 심하게 일어나기도 한다. 부모가 어떻게 대응하느냐에 따라 이러한 반항과 힘겨루기를 통해 자율성을 배울 수 있다. 중·고생 시기에 자율성을 기르는 것은 진로 발달에서 매우 중요하다. 힘겨루기와 반항을 하면서도 부모로부터 충분한 보호를 받으면서 스스로의 삶을 자유롭게 꿈꾸고 탐색하다가 수정하며 선택하는 등 실패로 인한 타격을 최소화하면서 진로선택의 예행연습을 해 볼 수 있기 때문이다.

　이 시기에 자녀의 진로선택은 어디까지나 실험적인 것이기 때문에 청소년기 초기에 내린 선택일수록 자녀에게 좀 부적절해 보이고 현실감 없는 선택일 수 있다. 자녀가 내린 선택에 대하여 지시나 지적을 하기보다는 그런 선택을 하게 된 이유를 충분히 이해하고 공감하며 최대한 존중해 주는 것이 필요하다. 또한 선택한 진로를 자주 바꾸기도 하는데, 청소년 초기에 많은 변화를 경험하는 것은 오히려 바람직한 일이므로 그때마다 진심으로 환영하고 함께 탐색해 주며, 결론을 내리는 과정에 함께해 주는 것이 필요하다. 물론 자녀가 내린 선택지에 대한 현실적인 정보 탐색에는 적극적으로 임해야 하겠지만, 조언이나 지시는 가급적 자제하면서 자녀 스스로 자율적으로 선택하도록 하고, 그 결과 또한 자신이 책임져야 한다는 것을 알려 주는 것이 좋다.

3) 공부 열심히 하기

　지식기반 사회에서는 직업에 진입한 이후에도 자신의 역량을 넓히기 위한 공부를 꾸준히 해야 한다. 특히 청소년기에 열심히 하는 공부는 다른 시기에 하는 공부보다 진로에 미치는 영향이 매우 크다. 청소년기의 공부는 성적을 올리고, 좋은 성적을 받은 학생들은 본인이 원하는 학교의 학과에 진학할 수 있는 가능성이 높아지고 선택할 수 있는 진로의 범위 또한 확대될 수 있다. 청소년기의 공부는 진로선택 가능 범위를 넓히느냐 좁히느냐에 직접적인 영향을 미치고, 그 결과에 따라 진학의 질이 달라지기 때문에 청소년들은 저마다 또래보다 높은 성적을 얻어야 한다는 압박감에 시달리게 된다.

같은 시간을 들여서 공부하더라도 자신의 진로목표를 달성하기에 충분할 만큼의 성적을 내기 위한 효과적인 방법을 모색하며, 아울러 본인이 원하는 진학이나 진로가 요청하는 과목에 대하여는 심화 공부까지 소화해 내야 하는 등 청소년기의 공부에는 학습과 진로선택의 연계가 강하다.

청소년기의 공부와 성적의 중요성이 강한 만큼 청소년들은 공부하면서 많은 스트레스를 겪는다. 스트레스에 잘 대처하며 성실하게 진로준비를 해 나갈 수 있도록 부모는 코치, 상담자, 정보제공자의 역할을 해 주어야 한다.

4) 진학정보 찾기

청소년들은 어떤 분야로 진출할 것인지 그리고 어떤 학과에 진학할 것이며, 학교는 어떻게 선택할 것인지를 깊이 생각해야 한다. 진학정보를 찾을 때는 우선 자신의 흥미와 적성 그리고 가치를 고려하여 학과부터 선택해야 한다. 자신이 재미있어 하는 것 그리고 잘 하는 분야는 어떤 것이고, 어떤 일을 할 때 삶의 보람과 긍지를 느낄 것인지를 심사숙고하여, 이에 부합하는 학과에 어떤 것들이 있는지 살펴야 한다.

청소년 스스로가 자신을 종합적으로 평가하여 결정하는 것이 가장 중요하지만 한편으로는 청소년을 잘 알고 지켜본 주변 사람들이 주는 피드백도 매우 중요하게 고려되어야 한다. 특히 부모는 자녀의 흥미, 적성 그리고 가치관을 충분히 이해해야 할 당사자이다. 평소 자녀와 여러 가지 대화를 나누고 자녀의 생활방식과 학업성취도 등을 관심 있게 봐 두면, 자녀가 고민할 때 적절한 조언을 할 수 있게 된다. 자녀가 본인에 대해 바로 이해하도록 할 뿐 아니라 각 대학에서 개설한 학과와 입시 정보를 잘 분석할 수 있으면 도움이 된다.

중학생이 고등학교를 선택할 때도 자신의 흥미, 능력, 가치관에 대한 이해에 더하여 학업성취도와 지역적 여건, 가정형편을 고려하여 가정 적절한 곳을 선택해야 할 것이다. 이러한 선택의 문제는 고등학교 생활과 대학 진학 시에 더욱 복잡해진다. 최근의 교육과정과 제도는 고등학생들이 수강하는 과목을 스스로 선택할 것을 강조하여 교육과정에서도 학생들의 선택의 폭이 넓어지고 있다. 또 자신의 흥미, 적성, 가치와 부합하는 학과를 개설한 대학들을 검색하여 각 학교들에서 요구하는 요건들을 분석하고, 대학에 대한 자신의 요구가 무엇인지 분석하여 만족도가 가장 높을 것으로 여겨지는 학교와 학과를 선택해야 한다. 학과를 먼저 선택하고 난 후 학교를 선택하는 것이 대학생활 만족도와 향후 진로 설계에 도움이 된다. 그럼에도 불구하고 많은 학생이 입시에 닥쳐서 학교와 학과를 선택하다 보니 자신의 특성을 잘 반영하지 못한 채 성적으로만 결정하게 되는 경우가 적지 않다. 부모는 자녀의 진학지도를 위해 자녀의 특성과 자녀가 관심 있어 하는 학과와 학교 정보들에 대하여도 적극적으로 정보를 수집할 필요가 있다.

5) 대인관계 기술 개발하기

청소년의 생활에서는 또래와의 대인관계가 중요한 의미를 갖는다. 이 시기에는 발달단계 특징상 가정보다 또래와의 관계에 몰두하는 경향을 보인다. 요즘에는 외동이 많고, 형제자매가 있다 할지라도 2명 이하인 경우가 많아 가정에서 수평적 대인관계를 실험해 볼 기회가 없는 터라 또래와의 관계를 통해 친밀감을 체험하고 대인관계 기술을 배우는 것이 매우 중요하다.

직업세계에서 성공하기 위해서는 전문적인 능력 못지않게 중요한 것이 대인관계 기술이다. 청소년들의 원만한 대인관계 능력은 정서적 만족과 안정 자체를 위해서도 필요할 뿐 아니라 직업적인 안정과 발달을 위해서도 필요하다. 청소년들이 친구들에게도 관심을 갖도록 격려하며 친구 문제로 인해 고민하고 갈등할 때 지지해 줌으로써 성숙한 대인관계 기술을 갖도록 도울 필요가 있다.

4. 20대

1) 직업과 직장 결정하기

20대는 대학에 진학하거나 직업에 진출한다. 대부분의 20대 초반의 청년은 대학에서 어떤 전공에 몸을 담고 적게는 2년, 많게는 6년 이상 전공 공부를 하게 된다.

청소년기에 자신과 학과 및 학교에 대하여 충분히 알아보고 전공을 선택한 사람은 전공에 적응하기가 상대적으로 수월할 수 있다. 그리고 전공과 연계된 직장을 알아보고 취업 준비를 할 수 있다. 반면에 청소년기에 진로탐색을 소홀히 한 경우에는 직업과 직장을 결정하는 데 좀 더 혼란을 경험할 수도 있다.

가급적 20대 초반에 희망 직업과 직장을 확신 있게 선택할 수 있다면, 보다 분명한 목적의식을 가지고 대학시절을 보낼 수 있다. 직업과 직장의 결정이 자신에게 적절한 것인지를 계속적으로 시험해 보는 태도도 필요하다. 자신이 진출하고자 하는 직업이나 직장인의 삶을 직간접적으로 경험해 볼 수 있는 자원봉사, 아르바이트, 인턴체험 등은 보다 적절한 직업과 직장을 결정하는 데 큰 도움이 된다.

2) 취업 준비를 위한 공부하기

직업과 직장을 결정하고 나서는 본격적으로 그 직업과 직장에 진입하기 위한 준비를 해야 한다. 취업 준비를 위한 공부는 직업과 직장에 따라 다양하다. 자신이 취업하고 싶은 직업의 직장들에서 요구하는 전공 공부, 교양 공부, 비교과 공부 등의 종류와 정도를 파악하여 체계적으로 공부계획을 세워서 시작하는 것이 효과적이다. 취업하고 싶은 3~5개 정도 직장의 채용공고나 원서를 분석하여 공통적인 수험과목과 선택과목으로 나누어 차근차근 공부를 해 두는 것이 좋다. 특히 외국어 공인점수나 자격증 등이 부가적으로 요구되는 경우도 있으므로 미리미리 준비해 두는 것이 좋다.

면접의 중요성이 점점 더 부각되고 있다. 응시자의 특성을 전인적으로 파악하여 업체의 요구에 딱 들어맞는 인재를 선택함으로써 채용 직후부터 기업의 이익에 긍정적인 영향을 줄 수 있는 사람을 선발하려는 경향 때문이다. 이에 취업 준비 공부에 면접 준비도 포함하여 인상관리뿐 아니라 해당 분야와 업체의 최근 동향을 파악하고 자신이 공헌할 수 있는 바가 무엇일지에 대한 분석을 해 두는 것이 좋다.

3) 지속적인 자기개발하기

오늘날의 직업세계에서는 평생직장이 없다는 것이 당연시되고 있다. 평생직장은 없어지고, 시대가 바뀌면서 평생 직종마저 사라진다고 한다. 그만큼 직업세계에의 변동이 심하다는 뜻이다. 개인의 고용 안정성은 개인이 결정한다는 말이 있을 정도로 직장을 유지하기 위한 스스로의 노력이 절실히 요구되고 있다. 이러한 현실은 취업하기 전에는 물론이고 취업하고 나서도 자기개발을 게을리하지 말아야 함을 나타낸다.

현재 소속한 직장에 안정적으로 적응하면서 자신의 역량을 발휘하여 소속 직장의 발전을 위해 헌신하는 자세가 우선적으로 필요하다. 그러나 한편으로는 현재 하고 있는 일을 통해 어떤 경력을 개발하고 있는지, 자신이 지식기반 사회의 직업시장에서 계속적으로 필요로 하는 인물이 되기 위해서 어떤 점을 더 특성화하고 보완해야 하는지에 대한 끝없는 자문과 고민 그리고 자기개발 행동이 필요하다.

4) 취업기술 개발하기

20대에게 취업은 20여 년 동안 공부한 것을 사회에 환원하고, 아울러 부모로부터 진정한 독립을 하기 위해 필수적으로 요구되는 경제력을 확보하기 위해서라도 필수적인 진로 발달과제이다. 그러나 취업에서의 경쟁이 치열해서 개인이 능력과 인성을 갖추었다는 것 자체만으로는 취업에 성공하기가 쉽지 않다. 자신의 능력과 좋은 인성을 고용주에게 충분히 보여 줌으로써 자신이 직장을 위해 공헌할 수 있는 준비된 인물임을 부각시켜야 한다. 취업기술로는 흔히 이력서와 자기소개서 작성 기술 그리고 면접 기술을 꼽는다. 자신의 장점을 최대한 부각시켜서 능력만큼 인정받으면서 취업을 할 수 있도록 취업기술 개발에도 주의를 기울여야 한다.

5) 적절한 이성 만나기

원만한 이성관계는 진로 발달에서 매우 중요한 요인이다. 어떤 직업관이나 성역할 관념을 가진 이성을 만나 데이트를 하고, 결혼을 하는지에 따라 진로선택과 적응에 큰 영향을 받을 수 있기 때문이다.

자신의 직업관이 뚜렷할 경우 그에 맞는 이성을 찾게 되는 경향이 있다. 반대로 자신의 직업관이 뚜렷하지 않은 경우에는 이성의 직업관에 크게 영향을 받게 된다. 어느 쪽이 바람직하다고 단정할 수는 없으나 주도적이고 혼란이 덜한 생애진로를 영위하기 위해서는 직업관이 어느 정도 수립된 상태에서 결혼을 전제로 하는 이성을 선택하고 교제하는 것이 보다 안정적이다.

6) 부모로부터 독립하기

20대에 직장을 얻게 되고, 돈을 벌면서 비로소 부모로부터 실질적인 독립을 할 수 있게 된다. 돈을 벌고 어느 정도 모아야 독립을 할 수 있는 것인지, 우선 분리를 하고 나서 더 독립할 수 있는 능력이 생기는 것인지를 결론짓기는 어려우나 나이 든 자녀의 독립은 부모와 자녀 모두에게 필요하다. 이를 위해 20대에는 직장을 얻어야 하고, 돈을 벌어서 번 돈의 일부를 저축하며, 결혼하기 이전이라도 주거 독립을 실현하는 것이 좋다.

본인이 바라던 직장에 진입하기 어려운 경우, 눈높이를 현실에 맞춰서 다소 마음에 차지 않는 직장에라도 우선 취업을 하여 다음 단계의 도약을 위한 경력을 쌓는 것이 좋다. 우리나라의 주택 구입이나 임차료가 매우 비싸기 때문에 주거 독립을 실현하기 위해서는 장기적인 재정계획이 필요하며, 정부에서 내놓은 각종 임대주택 제도를 활용해 보는 것도 고려할 만하다.

5. 30대

1) 직장에서 인정받고 승진하기

많은 직장에서 30대는 직장에 활기를 불어넣는 중요한 역할을 한다. 심리적으로 의욕이 넘치고, 신체적으로도 건강하며, 조직의 규율과 방향을 습득하고 있기 때문에 업무 효율도 높은 편이다. 이렇듯 30대에는 직장 일에 열심히 매진하여 인정받고 승진하는 것

이 자연스러우며, 직장에서의 인정과 승진은 매우 중요한 화제가
된다.

2) 자기 직업에 충실하기

30대쯤 되면 첫 직장에서의 다소 혼란스러운 적응기는 마친 상
태일 가능성이 많다. 20대보다 안정된 자세로 현재 주어진 일에 충
실하며, 지금까지의 경력을 바탕으로 직업이나 직장을 옮기면서
조금씩 개선되는 방향으로의 변화를 꿈꾸는 시기이다. 현재 소속
한 직장에 대한 만족도가 높아서 이직을 고려하지 않는 경우도 있
다. 어떤 경우이든지 자신의 현재 직업에 충실하여 스스로 자신감
을 얻고 주변 사람들로부터도 신망을 얻는 것이 30대의 삶을 더 탄
탄하게 지지해 준다. 직장에서의 충실도와 그에 따른 안정감은 부
부생활과 어린 자녀의 양육행동에도 영향을 미친다.

3) 부모 역할 습득 및 출산하기

재학연한이 길어지고 취업 연령이 늦어져서 20대 출산이 현실적
으로 어려운 편이라 할지라도 가급적 30대 초반에 출산을 하는 것
이 좋다. 산모와 태아의 건강뿐 아니라 자녀가 대학교육을 마칠 때
까지 뒷바라지를 해 줄 수 있는 경제적 여건을 유지하기 위해서 출
산을 마냥 늦출 수는 없다.

출산을 준비하면서 부모 역할이 무엇인지에 대하여 부부가 함께
열심히 탐구할 필요가 있다. 특히 핵가족화가 이미 보편화되어 있
는데다 한 자녀 세대가 급속히 증가하고 맞벌이로 인해 부모가 자

녀와 함께 보낼 수 있는 시간이 부족한 경우가 많다 보니, 이를 보상하면서 자녀를 잘 키우기 위한 노력과 대비가 필요하다.

4) 재테크하기

바쁘게 일하는 30대에게 재테크는 주요 관심사이다. 현재의 직장에서 예기치 않게 퇴직하더라도 새로운 직장을 구할 때까지 생활비와 준비자금이 필요하다. 단지 직장만을 옮기는 것이 아니라 이직이나 재취업을 하기 위해서 상당히 오랜 기간 동안 스스로의 기술과 태도를 보완해야 할 필요도 있기 때문에 어느 정도의 현금을 비축해 놓는 일은 안정된 생활의 필수적인 요인이다.

재테크는 취업을 하자마자 바로 시작하는 것이 좋다. 직장생활 초기에 경제생활 습관을 건실하게 들여놓지 않으면 저축은커녕 각종 빚에 시달리게 되고, 하루아침에 규모 있는 소비생활로 돌아서기는 어렵기 때문이다. 생애에 필요한 자금들을 미리 예측해 보고 첫 월급을 받을 때부터 그에 맞게 여러 투자 방법을 미리 생각해 놓고 안정적이면서도 실행 가능한 재테크부터 시작해야 한다.

5) 자기개발하기

현재 직장에서 잘 적응하고 승진하고 있다고 해도 자신을 성장시키기 위한 노력은 계속되어야 한다. 경쟁이 치열하고 날마다 새로운 기술이 생겨나기 때문에, 자신이 이미 가지고 있는 지식과 기술만으로 고용을 유지하기에는 한계가 있다.

현대인에게 있어 자기개발은 더 이상 선택이 아니다. 버는 돈의 일부를 당연히 저축하듯이 하루 생활의 일부를 쪼개서 미래를 위해 투자하려는 자세가 필요하다. 꾸준한 자기개발은 혹시 닥칠 수 있는 본의 아닌 퇴직에 대비하는 든든한 준비이며, 현재 직장 일을 능률적으로 처리하는 데도 도움이 되고, 보다 좋은 직장으로 진입할 수 있는 준비를 갖추도록 함으로써 30대의 자신감을 더 증진시켜 준다.

6. 40대

1) 조화롭고 행복한 가정 만들기

40대에는 자녀들이 성장기를 맞이하여, 이 시기의 생산성은 2세의 성장과 그를 위한 부모역할을 수행하는 데서도 찾을 수 있다. 이 시기에는 자녀들이 사춘기와 치열한 입시 경쟁을 경험하고, 조혼을 한 부모의 자녀는 첫 직장으로의 진입을 위한 취업 경쟁을 시도하는 등 자녀들에게 스트레스가 많은 시기이다. 아울러 자녀들을 뒷받침하기 위한 부모의 경제력과 정보력 그리고 기성세대 선배로서의 조언을 해 줄 수 있는 능력이 동시에 요구된다. 청소년 자녀의 의견을 존중하고, 청소년 세대의 시각을 이해하고자 노력하면서, 자녀들이 사회로 진출하는 데 필요한 노하우를 전수해 주어야 하기 때문에 자녀와 원만한 관계를 맺기 위한 노력이 각별하게 요구된다.

자녀들이 심리적으로 독립하려는 시도를 하면서 이전 시기보다 시간적인 여유가 생기기 시작한다. 그동안 자녀의 일상생활을 보

살피느라고 묻어 두었던 부부간의 문제들이 불거져 나오고, 중년
기 전환기를 맞이하여 여성에게는 남성성이 남성에게는 여성성이
높아지면서 부부관계에도 새로운 긴장이 팽팽하게 생겨나기도 한
다. 서로의 요구에 귀 기울이면서 만족시키는 가운데 새로운 기쁨
과 의미를 찾으려는 노력이 필요하다.

2) 건강관리하기

40대가 되면서 신체가 본격적으로 노화를 일으킨다. 흰 머리, 노
안, 민첩성 저하 등 일상생활 속에서 노화를 느낀다. 자신의 신체
변화뿐 아니라 동년배들의 신체 변화를 보면서 스스로가 노화되고
있음을 실감한다. 그래서 40대에는 부쩍 건강관리에 많은 관심을
갖게 된다. 건강하지 못해서 자신의 의욕이나 역량만큼 일을 해내
기 어려운 사람들이 눈에 띄고, 아직은 젊은 나이에 여러 가지 질병
이나 과로로 쓰러지는 동년배들을 보면서 건강이 우선이라는 생각
을 되새기곤 한다.

경우에 따라 노화를 실감하지 못한 채 앞만 보고 달려가는 사람
들도 있지만, 이 시기에는 건강관리가 매우 중요한 발달과업이다.
직장을 유지하기 위해서도 필요하고, 조기 퇴직이 만연해지는 현
실에서 새로운 직장을 찾기 위해서도 필요하다. 발달이 한창 이루
어지는 청소년 자녀에게 든든한 버팀목이 되기 위해서도 건강관리
가 필요하다. 규칙적인 식사, 흡연 및 음주의 중단, 성인병 예방에
도움이 되는 식단, 각종 상해 및 질병에 대비한 보험 등 건강관리에
도움이 되는 요소들을 차근차근 챙겨야 한다.

3) 노후 준비하기

노후 준비는 빠를수록 좋다. 원치 않게 실직을 하게 될 수도 있기 때문이다. 어떤 일에 직면하든지 개방적인 태도로 받아들이고 편안하게 결정하기 위해서는 노후 준비가 탄탄하게 준비되어 있어야 한다.

독립적이고 안정적인 노후생활을 할 수 있도록 노후 준비를 위한 계획을 세우고 차근차근 준비해 나가는 것이 필요하다.

4) 의미 있는 일을 하기

Jung에 의하면 40대는 중년기 위기가 찾아오는 시기로서, 그동안 사회에 적응하느라고 억압해 두었던 자기의 파편들이 떠올라 갈등이 심해지는 시기이다. 승진하고 돈을 벌어도 만족이 되지 않고 마음 한 구석이 서운하고 쓸쓸해서 갑자기 감상에 젖어들곤 한다.

이러한 과정에서 직업세계에서도 연봉 상승이나 승진보다는 의미 있는 일을 추구하게 된다. 돈을 많이 버는 일보다는 보람을 느낄수 있는 일을 선택하고, 그 일을 하면서 만족을 느낀다. 이러다가 사회적으로 후퇴하는 것은 아닐까 하는 불안이 일어나기도 하지만 이는 자연스러운 현상이고, 통합된 자기를 경험하고 실현하기 위한 기초작업일 수 있다. 자기의 내면세계에 귀를 기울이면서 보람과 의미를 줄 수 있는 일이 무엇일까 생각하고 실천에 옮기려는 자세가 필요하다.

5) 부하 직원에게 베풀기

40대는 신체적으로는 노화가 본격화되는 시기이지만 직업의 세계에서는 그동안의 경력과 노하우를 바탕으로 자신의 입지를 굳혀 가는 결실의 시기이기도 하다. 직장에서는 중간관리자로서 단위사업을 책임지는 위치에 이르며, 부하 직원과 기업주 사이에서 의사소통의 매개체로서 역할을 해야 한다. 그래서 전문적인 능력과 함께 균형 감각이 있는 태도와 생각 그리고 의사결정 능력이 필요해진다.

승진이나 승급, 연봉 상승 등만을 위해 매진하며 자신의 일을 열심히 하는 것은 여전히 중요하다. 그 가운데서도 주위를 돌아보고, 특히 직장에서 부하 직원을 존중하고 베풀며 너그럽게 대하여 덕 있는 멘토로서의 면모를 갖추는 것이 중요하다.

7. 50대

1) 경제적인 대책 마련하기

50대는 가족발달 주기상 가정에 목돈이 본격적으로 필요해지는 시기이다. 자녀의 상급학교 진학이나 결혼 등의 굵직한 일과 더불어 부모 부양에도 목돈이 들어간다. 이 때문에 경제적인 능력이 더욱 절실해진다. 그러나 현실적으로 50대의 경제력은 상승의 반환점을 돌아 후퇴하기 시작하는 경우가 많다. 50대에 정년퇴직을 하게 되어 있는 직장도 있고, 그렇지 않다 하더라도 50대 이후까지 안정된 고용을 유지하는 것이 우리 사회에서 굉장히 힘든 일이 되고 있다.

50대가 마련해야 할 경제적인 대책은 두 가지로 나눌 수 있다. 하나는 본인이 돈을 많이 벌어서 가족들의 필요를 채우기 위해 더 열심히 일하고, 투자하며, 저축하는 방법이다. 그러나 이 방법은 한계에 다다르기 쉽다. 정해진 역량으로 벌거나 저축할 수 있는 돈에는 한계가 있으며, 신체적인 여건상 일에만 매진하다가 건강을 해칠 우려도 있기 때문이다. 다른 하나는 가족들에게 협조를 구하여 저마다 독립을 하게 함으로써 부담을 더는 방법이다. 성장하는 자녀들에게 만능 부모로서의 모습을 보이려고 하기보다는 부모의 한계를 인정하고 자녀들 스스로 독립하도록 심리적인 지원을 하는 것이 좋다. 노부모에게도 경제상황을 편안하게 알림으로써 현실적인 기대를 하시도록 마음을 터놓는 것이 필요하다.

2) 제2의 인생을 위한 새로운 일 마련하기

젊음을 바쳤던 직장에서 50대에 퇴직하면 아직 일을 놓기에는 너무나 건강하고 의욕에 넘치는 자신을 발견한다. 평균 수명에 비추어 볼 때 살아야 할 날이 살아온 날들 만큼이나 많이 남아 있기도 하다. 경제적인 문제도 그렇지만 하루 24시간을 무엇을 하면서 보낼지에 대한 실존적인 고민이 생긴다.

50대에는 제2의 인생을 시작하기 위한 새로운 일이 절실하다. 혹자는 이때를 대비하여 보다 젊은 시절에 취미생활, 자격증 취득 등 여러 가지 대책을 세워 놓기도 한다. 그러나 준비 없이 맞이한 50대라면 얼마간은 제2의 인생을 설계하고 그에 맞는 일을 찾느라 시간과 노력을 들여야 한다. 50대의 재취업은 쉽지 않고, 가족들은 아직 본인에게 의지하고 있어서 마음의 부담이 크겠지만 그럴수록 더욱 침착하게 새로운 일을 마련해야 한다.

제2의 인생을 위한 새로운 일에는 일자리도 포함되지만 공부도 포함된다. 경제적 여건, 자녀들의 상태, 부모님이나 배우자의 건강상태, 본인에게 필요한 생활자금, 노후자금 등을 고려하여 폭넓게 제2의 인생을 위한 공부와 일을 물색하는 것이 필요하다. 새로운 직업, 새로운 공부, 봉사활동 등의 가능성을 폭넓게 열어 놓고 스스로가 추구하는 생의 가치를 실현시켜 주는 삶을 선택해야 한다.

3) 제2의 직업을 구하기

50대에는 대부분의 사람이 가지고 있던 직장에서는 퇴직을 하게 된다. 요즘 시대상황으로는 50대까지 한 직장을 유지하기가 쉽지 않다. 50대에 처음 퇴직을 하는 경우는 일단 '행운'이라고 보아야 하지만, 다른 한편으로는 그동안 직업을 구하는 일을 해 본 적이 없어서 퇴직의 충격이 클 수 있다. 더구나 통상적으로는 50대가 재취업 취약 계층으로 불릴 만큼 신체적으로나 지적으로 움직임이 둔화되고 발전이 더딘 시기로 인식되고 있다. 대개 이전 직장보다 사회경제적 지위가 낮은 직장을 알아볼 수밖에 없게 된다.

이 상황에서 이전 직장에서 받았던 대우를 계속 받아야 한다고 생각하면 불만족과 공허감이 커질 수밖에 없다. 눈높이를 조절하여 새로 시작하는 마음으로 자신에게 주어지는 일을 받아들여야 한다. 지금까지 미루어 왔던 자신의 꿈이나 건강상태 및 경제적 현실과 자녀들의 성장 등을 고려하여 완전히 새로운 직업으로 전직하기 위한 준비를 할 수도 있다. 긍정적이고 개방적인 자세를 유지하면서 현실을 고려하여 제2의 직업을 구하려는 노력이 필요하다.

8. 60대 이후

1) 건강관리하기

60대 이후에는 자신의 건강을 스스로 관리함으로써 배우자나 자녀에게 짐이 되지 않도록 하는 것이 미덕이다. 건강관리를 위해서는 귀찮더라도 정기적으로 건강검진을 받고, 의료진이 처방하는 식습관이나 생활습관을 준수하며, 매일 적당한 운동을 꾸준히 함으로써 하루하루 건강한 모습을 유지하는 것이 가장 중요한 발달과업이다. 신체가 건강해야 마음이 건강하고, 가족이나 자녀들에게 편안함을 선사할 수 있기 때문이다.

2) 봉사하며 생활하기

봉사활동은 60대의 삶에 의미와 활력을 불어넣을 수 있다. 여러가지 면에서 기능이 쇠퇴하기 쉬운 연령이지만 성장한 자녀들의 멘토 역할을 하면서 주변의 어려운 사람들을 살피고, 자신의 시간이나 노동 또는 경제력을 나누는 삶을 살다 보면 기쁨과 보람을 느낄 수 있다. 스스로 풍요로워서 넘치는 것을 나눈다는 생각보다는 내게 충분하지 않더라도 아껴서 함께 나눈다는 마음을 가질 때 봉사하는 생활이 가능해진다. 사람에 대한 존중, 존재에 대한 경외심을 가지고 진실한 마음으로 사람들을 대하며, 시간과 물질 그리고 마음을 나누려는 태도와 행동을 개발하는 노력이 필요하다.

3) 노후 대책 세우기

평균 수명이 길어지다 보니 특별한 질병에 걸리지 않은 경우 주변에서 80대 노인을 발견하는 것은 예사가 되었다. 인구학자들에 의하면 인간의 평균 수명은 점차 길어지고 있기 때문에 현재로서는 어디까지가 상한선인지를 알 수가 없다. 수명이 길어졌다는 것은 그에 대한 대비책을 필요로 하지만 일단은 인류가 받은 여러 가지 축복의 결과이다. 다만, 그에 대한 대책들이 필요하다.

노인복지 정책이나 제도들이 국가 사회적으로 수립되고 있지만, 개인 차원에서도 60대에 자신의 노후 대책을 재점검하고 보다 구체적이고 현실적으로 보완할 필요가 있다. 점차 많이 필요해질 병원비, 노화가 심화되어 거동이 불편해질 때에 거주할 곳에 대한 준비, 자녀들과의 관계 재정립, 수명이 다 하는 날까지 사용할 생활비의 조달 등 여러 가지 면에서 남은 생애에 대한 본격적인 노후 대책이 필요하다. 자녀들에게 짐을 덜 지우면서 가족 간의 사랑을 나누고, 기존의 이웃과 적절한 관계를 유지하거나 새로운 이웃을 만드는 등 여러 가지 면을 고려하여 열린 마음으로 노후 대책을 해야 한다.

5장

기본 생활능력 발달과업

인간은 먹고 마시며 활동하고 쉬는 등의 기본적인 생활을 잘 해야 그 기초 위에 학업, 진로, 직업, 가족 등의 구체적인 삶의 영역의 과제를 잘 수행할 수 있다. 일반적으로 기본적인 생활능력은 특별한 주의를 기울이지 않아도 일상적인 가족생활 중에서 자연스럽게 길러진다. 그러나 가정의 여러 환경 변화와 부모의 양육방식에 따라 각 단계에서 익혀야 할 기본적인 생활능력이 충분히 갖추어지지 않는 경우가 있을 수 있으며, 특히 성인이 된 이후에는 스스로 각 발달단계별 기본 생활능력을 인식하고 수행하는 것이 어려울 수 있다. 이에 이 장에서는 인간의 각 발달단계별로 수행해야 하는 기본 생활능력에는 어떤 것이 있는지 살펴보았다.

1. 유아기

1) 자기 앞가림을 할 줄 알기

　유아기는 영아기의 의존적 생활에서 벗어나 자율적이고 독립적으로 생활할 수 있는 능력을 길러 가는 시기로 '자기 앞가림'을 하기 시작한다. 부모나 주양육자에게 전적으로 의존하던 데서 벗어나 유아가 자율적인 능력을 갖추기 시작했다고 볼 수 있는 최초의 신호는 대소변을 가릴 줄 알게 되는 것이다. 대소변을 가릴 줄 아는 것은 괄약근을 조절할 수 있는 신체적인 능력의 변화에 기인하는 것이긴 하지만, 부모의 도움 없이 유아가 자기를 통제할 수 있게 되는 중요한 발달과업이다.

아울러, 부모의 도움 없이 혼자서 밥을 먹을 수 있고, 세수를 할 수 있으며, 자신의 옷을 입을 줄 알고, 양말과 신을 신을 수 있게 된다. 이는 신체적인 성숙이 이루어졌다는 표시일 뿐 아니라 유아가 부모와는 독립된 하나의 존재로 자율적으로 살아가기 위한 첫발을 내디뎠다는 신호라고 볼 수 있다. 혼자 먹고 씻고 입을 줄 아는 것은 가정에서뿐만 아니라 유아원, 어린이집, 유치원 등과 같은 공동체 생활을 하는 곳에서도 필수적이다. 즉, 유아가 한 사회의 구성원으로 살아가기 위한 가장 기초적인 생활능력에 해당하는 것으로 자기 앞가림을 할 줄 알게 되는 것이 유아기의 중요한 발달과업이다.

2) 기본 생활습관 및 규칙 익히기

유아가 사회구성원으로서 첫발을 내딛기 위해서는 자기 앞가림을 할 줄 알아야 할 뿐 아니라 자신이 속한 공동체의 규칙을 준수하고 기본적인 생활습관을 익혀야 한다. 여기에서 규칙과 생활습관은 사회구성원이라면 반드시 지켜야 하는 의무사항일 뿐 아니라 유아가 건강한 생활을 하고 자기의 안전을 도모하는 데 필요한 것들이라고 볼 수 있다.

유아가 가장 기본적으로 습득해야 할 규칙을 살펴보면, 먼저 교통신호를 식별하여 지키는 것으로 유아의 안전을 위해 필수적이다. 그리고 부모의 전화번호를 기억하고 집 주소를 아는 것은 유아가 부모로부터 격려되는 상황에서 자신의 생존에 도움을 준다. 또한 유아가 건강하게 성장하기 위해 규칙적인 생활을 하는 것이 필요한데, 가장 기초적인 것은 일찍 자고 일찍 일어나는 습관을 형성하고 음식을 골고루 즐겁게 먹는 것이다. 한편, 생후 2세 이후에 유아가 사용할 수 있는 어휘는 폭발적으로 증가하게 되는데, 이때 올바른 언어 사용 습관을 길러 주는 것 또한 유아가 건강하게 성장하고 발달하는 데 필요하다.

2. 아동기

1) 자율성 확장하기

아동기에는 유아기에 시작된 자율성과 독립성을 더욱 확장해 나가야 한다. 초등학교에 입학하면 유아기 때와는 달리 자기 스스로 할 줄 알아야 하는 생활능력들이 더 많아진다. 가정에서는 자기 방을 스스로 치우고 청소할 줄 아는 능력이 필요하다. 저출산으로 자녀의 수가 줄어들면서 아동의 일을 대신 해 주는 부모가 많이 늘어나는 경향이 있지만, 아동이 혼자서 처리하고 수행할 수 있는 일은 스스로 하게끔 하는 것이 아동의 건강한 발달을 위해 필요하다. 이런 면에서 아동이 자기 방을 혼자서 치우고 청소하는 것은 아동기에 수행할 발달과업 중의 하나라고 볼 수 있다.

그리고 식사할 때 혼자서 음식을 챙겨 먹고 자기가 먹은 음식 그릇을 스스로 치우는 것도 아동의 건강한 발달을 위해 필요하다. 혼자서 음식을 챙겨 먹는 것은 학교에서 급식이 이루어지는 상황에 비추어 봐도 필수적인 발달과업이라고 볼 수 있다.

그리고 아동의 활동 영역이 확장되는 상황에서 대중교통을 이용해 이동하는 경우가 생긴다. 따라서 혼자 버스나 지하철을 이용할 줄 아는 것도 아동기에 완수할 발달과업 중의 하나이다. 또한 부모의 관여가 없어도 스스로 학교 준비물과 숙제를 챙길 수 있게 되는 것은 아동의 자율성 확장의 결과라고 볼 수 있다.

2) 학교생활에 적응하기

초등학교 시기의 아동은 많은 시간을 학교에서 보내기 때문에 학교생활에 원만하게 적응하는 것이 이 시기의 중요한 발달과업이 된다. 학교생활에의 적응이란 교사와의 관계, 친구와의 관계가 원만하고, 학업과 관련하여 크게 스트레스를 받지 않고 학교에 즐겁게 다니는 것을 의미한다.

그리고 학교생활이나 등하교 시에 지켜야 할 여러 가지 안전 수칙을 지키는 것도 아동의 건강한 발달이나 원만한 적응에 필요하다. 기본적인 안전 수칙을 지킨다는 것은 아동의 안전을 보장한다는 의미에서뿐만 아니라 시민으로서 지켜야 할 규칙을 위반하지 않는다는 의미에서도 중요하다.

3) 활발하게 뛰어놀기

Erikson(1959)에 의하면 아동기는 근면성을 발달시켜야 할 시기이다. 근면성은 아동이 해야 할 교과 공부를 열심히 하는 것도 포함하지만, 여러 가지 활동이나 운동을 적극적으로 하는 것도 포함한다. 아동기는 지적 발달에도 중요한 시기이지만 무엇보다 신체적인 발달이 필요한 시기이다. 이때 밖에서 뛰어 놀면서 운동하는 것은 아동의 신체발달을 도모할 뿐 아니라 또래관계를 형성하는 데도 필수적이다.

4) 정확한 표현하기

아동기에는 확장되어 가는 대인관계 속에서 정확하게 의사표현을 하고 잘 전달하는 능력을 기르는 것도 중요하다. 정확한 의사전달 능력은 부모, 교사뿐 아니라 또래와의 관계에서도 필수적인 능력이다. 자기가 표현하고자 하는 것을 제대로 표현하고 전달하는 것은 인간관계에서 생기는 여러 가지 오해를 방지할 수 있는 방법 중의 하나이다. 아동기에 이런 능력을 향상시키기 위해 글을 읽고 그 내용을 또박또박 말하는 연습을 시키는 것도 시도해 볼 수 있다.

3. 청소년기

1) 학교생활 적응하기

중·고등학교 시기의 학교생활은 학교규칙과 수업에 대한 적응 그리고 교사 및 동료들과의 대인관계로 이루어진다. 중고생들이 학교생활에 적응하기 위해서는 우선 학교규칙에 적응하는 것이 필요하다. 이미 유치원과 초등학교 시기를 거치면서 오랫동안 단체생활을 해 왔지만 대학 입시에 대한 압박으로 인해 중고생의 학업

부담이 크다 보니 학교생활에 적응하는 것이 그리 만만한 일은 아니다. 뿐만 아니라 복장, 두발 등을 포함하여 초등학교까지는 자유로웠던 일상적인 사소한 것들에도 통제를 받게 된다.

수업시간에 적응하는 것 또한 중고생에게 중요한 발달과업이 된다. 학교급이 올라가면서 1교시 수업시간이 5분씩 연장되는데다 수업 내용이 어렵고 까다로워지고 구체적인 자료 제시보다는 추상적인 논의들이 점점 많이 등장한다. 그래서 수업시간에 성실하게 앉아 있는 일은 애써서 이룩해야 할 발달과업에 속한다.

학교생활에 적응하기 위해서는 교사 및 교우들과 원만한 대인관계를 맺는 것도 중요하다. 다수의 학생들이 좁은 공간에서 대부분의 시간을 함께 보내야 한다. 게다가 엄격한 규칙과 학업에 대한 스트레스를 안고 있는 상태라 상대를 너그럽게 대하지 않으므로 원만한 대인관계를 맺는 데도 노력이 필요하다. 특히 교사는 다수 학생의 생활지도와 학업지도를 맡고 있기 때문에 학생들 개개인이 교사와 좋은 관계를 맺는 것도 쉽지 않은 일이다.

2) 자기관리하기

자기관리는 시간관리, 건강관리, 대인관계 능력 등으로 이루어진다. 이러한 자기관리 능력을 획득하는 것이 중·고등학교 시기의 중요한 발달과업이다.

주어진 학교 과제를 수행하고, 사교육에 참여하며, 대인관계와 여가 등의 일상생활을 무리 없이 해내려면 시간관리 능력이 필수적이다. 학교공부만 하더라도 배워야 할 교과목이 늘어나고 각 교과목마다 정례적인 지필평가뿐 아니라 수행평가가 함께 있어서 시간을 효율적으로 활용하지 않는 학생들은 필요한 활동을 제대로 해낼 수 없다. 게다가 사교육에 필요한 시간과 과제도 만만치 않으며, 그 가운데서 여가와 대인관계를 위한 시간도 내야 하는 힘든 상황이다.

중·고등학교 시기는 급격한 성장이 이루어지는 시기로 건강관리를 스스로 할 줄 알아야 한다. 그러나 대부분의 청소년은 자신의 건강을 돌볼 필요를 못 느낀다. 패스트푸드와 탄산음료를 즐겨 먹고, 튀김음식을 좋아한다. 벼락치기로 시험공부를 하고, 밤늦게까지 게임이나 스마트폰에 몰두하기도 한다. 당장 몸에 무리를 느끼지 못하기 때문에 건강을 배려하지 않는다. 청소년기는 신체적 성장이 급격하게 일어나는 시기이므로 건강관리가 매우 중요한 시기이다.

중·고등학교 시기에는 대인관계 측면에서도 자기관리 능력을 함양해야 한다. 청소년기는 아동에서 성인으로 가는 과도기이다. 부모나 어른으로부터 무조건 배려받고 이해받는 위치에서 남을 배려하고 이해해야 하는 위치로 이동하는 단계이다. 자신의 욕구에만 집중하던 관계에서 벗어나 타인의 욕구를 살피고 서로의 욕구를 존중하는 대등한 관계 형성이 요구된다. 어른에게 예의 바르게 대하고, 친구끼리 서로를 존중하면서 대화하는 습관을 형성하고, 원만한 대인관계를 위한 태도와 행동을 길러야 한다. 그런 점에서 봉사활동은 나와 다른 사람을 배려하는 방법을 배울 수 있는 좋은 기회이다. 나와 다른 처지에서 어려움을 겪는 사람을 발견하고, 접촉하며, 이해하고, 도와주는 가운데 서로 기쁨을 나누면서 인간에 대한 사랑을 바탕으로 한 원만한 대인관계 능력이 길러진다.

4. 20대

1) 독자적인 경제생활을 하기

20대에 접어들면 부모로부터 경제적 독립의 압력이 본격화된다. 이에 20대에는 스스로 경제적인 필요를 채워 나가는 능력이 요구된다. 이를 위해 스스로 용돈을 벌거나 독자적으로 경제생활을 하는 활동을 하게 된다. 여기에는 아르바이트 등 일자리를 찾는 능력, 그 일을 수행하는 능력, 벌게 된 돈을 관리하는 능력 등 다양한 능력이 필요하다. 이 과정에서 부모로부터 받는 용돈의 규모를 조정하거나, 부모님의 용돈과 자신의 수입의 용도를 구분하거나, 자신이 번 용돈을 부모와 자신 중 누가 관리할 것인가를 결정하는 과정에서 부모와 갈등이 생기기도 한다.

2) 직장생활에 적응하기

20대가 되면 고등학교를 졸업하고 취업을 하거나 대학을 졸업하고 취업을 하기도 하는데 이때 취업하고 취업한 곳에서 적응하는 것이 중요한 발달과업이 된다. 최근에는 구직난으로 20대가 어려움을 겪고 있다. 겨우 취업을 했다 해도 직장에서 살아남기 위해 몸부림에 가까운 처세를 해야 한다. 특히 인턴사원으로 취업한 경우는 더욱 그렇다. 신입사원으로서, 사회초년병으로서, 임시직으로서 직장 내에서 안정된 위치를 잡기 위해 적극적으로 노력해야 한다. 개인적으로 자신의 실력을 갖추어 나가면서도 여러 대인관계에 소홀히 할 수 없는 등 직장생활에 적응하는 과정에 많은 수고와 노력이 필요하다.

5. 30대

1) 좋은 가정 만들기

30대는 사회의 구성원으로서 자리를 잡아 가는 시기라고 할 수 있다. 이 시기에는 독립된 가정을 형성하면서 새로운 관계를 형성하고, 여러 어려움을 부부로서 대처해 나가며, 자녀를 출산하고 양육하는 등 좋은 가정을 만드는 것이 주요한 발달과업으로 포함된다.

좋은 가정을 만들기 위해서는 우선 배우자를 만나 결혼을 하는 것이 필요하다. 그리고 가족관계를 형성하게 되는데, 여기에는 배우자와의 관계, 배우자의 원가족과의 관계, 자신의 원가족과의 관계, 자녀와의 관계, 친척과의 관계 등 다양한 관계가 포함된다. 결혼 전에는 자신의 원가족과만 관계하면서 책임을 덜 져도 되는 위치에 있었지만, 이제는 결혼한 성인으로서 책임을 지면서 자신의 원가족뿐만 아니라 배우자의 원가족 및 친척과도 원만한 관계를 형성해야 한다.

또한 가정에서 육아 및 가사를 분담하는 일이 필요하다. 새로운 가정을 꾸리면서 생겨난 많은 가사 업무를 적절하게 분배하는 것은 일의 효율적인 처리를 위해서뿐만 아니라 서로의 친밀한 관계 형성과 과제처리 능력의 확인과 향상이라는 면에서도 매우 중요하다. 특히 자녀가 출생하면서 발생하는 육아 문제는 부부가 공동으

로 대응하지 않게 되면 많은 갈등과 어려움이 발생하게 된다. 이 육
아와 가사 분담에 자신의 원가족 및 배우자의 원가족과의 관계가
포함되게 되면 더욱 복잡한 관계와 역동이 발생하게 된다.

다음으로 좋은 부모가 되는 것이 필요하다. 처음으로 경험하는
자녀의 출생과 양육에서 대부분의 부모는 심한 스트레스와 어려움
을 겪는다. 전적으로 부모에게 의존하는 자녀의 신체적 · 생리적
필요를 충족시켜 주는 것에서부터 심리적으로 돌보아 주며 언어발
달, 인지발달, 사회성 발달 등 인간의 전 영역을 책임지고 돌본다는
것은 매우 어렵고 힘든 일이다. 많은 부모가 사전에 좋은 부모가 되
는 것이 무엇인가에 대한 교육이나 준비 없이 부모가 되기에 많은
시행착오와 실패를 경험한다. 좋은 부모가 되는 30대의 주요 발달
과업을 잘 수행하기 위해서는 이를 위한 사전의 준비와 교육이 필
요하다.

2) 안정된 생활기반 만들기

30대는 사회에서 자신의 위치를 자리매김하는 시기로서 직장을
잡고 이에 적응하는 것이 필요하다. 우선 직장을 선택하고 취업하
는 것이 필요하고, 취직한 직장의 업무와 문화, 인간관계 등에 적응
하여 생산적인 직장생활을 함으로써 안정된 생활기반을 마련하는
것이 필요하다.

또한 30대에는 경제적인 안정 대책을 수립하고 준비하는 것이
필요하다. 내 집 마련, 자녀 양육비, 노후 준비, 부모나 형제들에 대
한 경제적인 보조 등 다양한 경제적인 필요에 대처하기 위해서 경
제적 수익 창출과 저축, 재테크 등의 계획을 세우고 시행해 나가는

것이 필요하다.

6. 40대

1) 건강관리하기

40대 시기는 건강관리를 비롯하여 앞으로의 삶을 위한 자기관리가 중요해지는 시기이다. 실제 40대는 신체적 활력의 저하와 시력 감퇴, 체중 증가, 성인병 발병 등을 경험하기 시작하게 되므로 건강을 적극적으로 관리하는 것이 중요한 시점이라고 할 수 있다. 따라서 규칙적인 운동, 식사, 수면, 음주 및 흡연 조절 등 건강한 생활습관을 형성하고 그것을 꾸준히 유지할 수 있어야 한다. 또한 남성들의 경우 배우자가 식사와 생활을 챙겨 주지 않아도 스스로 해결할 수 있는 능력을 키우는 것이 필요한 시기이다.

2) 일상생활 돌보기

40대 시기에는 자녀의 교육비 급증으로 인해 가정의 지출이 많아지고 노후를 설계할 시기이다. 직장인의 경우 직장에서도 책임 있는 일을 맡으면서 임금 피크제에서 가장 높은 임금을 받는 시기이기도 하여 경제활동이 가장 활발하게 이루어진다. 또한 경제활동을 하지 않던 여성의 경우 자녀들이 중등학교로 진학하면서 시간도 많아지고 가정경제 지출과 노후설계에 대한 부담을 느끼면서 경제활동을 시작하게 되는 시기이기도 하다. 자녀들이 커 가면서 여성들은 점점 집안일보다는 바깥일에 관심을 가지게 되고 경제활동이나 봉사활동 또는 사교를 위한 외부활동이 많아지는 시기이고, 앞으로도 바깥 활동이 증가할 가능성이 높다. 이에 따라 외부활동을 하는 남성들에게 집안일을 돌보는 것에 대한 요구가 높아지므로 남성들은 은퇴 이후 생활을 위해서라도 청소, 설거지, 빨래 등 조금씩 집안일을 배워 나가야 할 시기이다.

7. 50대

1) 가족 돌보기

50대 시기는 가정의 어른으로서 자녀의 사회 진출, 결혼, 결혼생활을 지원하고 원가족의 보호자 역할을 맡게 된다. 위로는 부모세대를 돌보면서 아래로는 자녀와 손주 세대까지 챙기는 등 전체적으로 3~4대의 가족에서 중추적 역할을 하게 된다. 가족 내 다양한 세대 간, 개인 간에 발생하는 여러 문제와 다툼을 미리 예방하고 문제 발생 시 조정하는 일을 한다. 부모의 50대 시기에는 청소년기나 청년기의 자녀들에 대한 교육, 진학, 취업, 이성교제, 결혼 등의 중요한 사안이 발생하게 되는데, 대개 이에 대한 다양한 요구와 주장이 나오게 된다. 자녀들 사이에서도 가족 내 역할이나 각자의 진로, 결혼 등에 대하여 갈등이나 다툼이 있을 수 있다. 특히 자녀의 결혼에 대한 부모의 의견을 어떻게 반영할 것인가에 대하여 대립이 발생하기도 한다. 이런 여러 문제에 대한 적절한 대처는 50대 시기의 중요한 발달과업이라 할 수 있다.

또한 결혼생활 20~30년 차가 되면서 부부생활의 위기를 극복하고 노년을 함께 준비하는 동반자로서의 관계 형성이 필요한 시기이다. 결혼생활에 여러 굴곡이 있었지만 50대를 어떻게 지내느냐에 따라 60대 이후 노년기의 부부생활이 결정될 수 있다. 따라서 이 시기에는 취미생활 함께 하기, 함께 여행하기, 종교생활 함께 하기, 사회봉사나 친목집단 함께 하기 등을 통해 부부간의 우애와 결속력을 다지는 것이 필요하다. 그리고 이런 활동을 통해 지금까지의 부부생활에서 생겼던 부정적 정서와 태도를 해소하고 서로에 대한 긍정적 정서와 태도를 만들어 가는 것이 중요하다.

2) 부모 봉양하기

50대 시기는 부모가 70~80대가 되는 시기로서 부모에 대한 봉양이 중요한 주제로 떠오르게 된다. 부모를 모실 것인가 여부부터 형제들 중에서 누가 모실 것이며, 비용부담은 어떻게 해야 하고, 부모의 병환이 심할 경우 또는 모실 상황이 되지 않을 경우 요양원이나 병원 등 시설 입소를 어떻게 해야 할 것인가 등 많은 사항을 결정하고 실행해야 한다. 이는 얼마 후에는 자신이 그 대상이 되는 일로서 자녀들에게 일종의 모범을 보인다는 면에서도 중요한 일이 된다.

8. 60대 이후

1) 건강한 생활하기

60대 이후에는 몸과 마음의 건강을 유지하는 것이 무엇보다 중요하다. 긍정적인 생활태도를 가지고 신체적인 건강을 위한 많은 노력을 기울여야 한다. 사회적 은퇴, 가정에서의 역할 감소, 신체적 질병, 배우자나 친구와의 사별 등 60대 이후에는 많은 어려움을 겪게 되어 자칫하면 인생의 무상함과 패배감 등으로 우울감에 사로잡힐 수 있다. 이에 대하여 인생은 60부터라든지, 인생경륜으로 다양한 활동에 더 능력을 발휘할 수 있다든지, 새로운 관계와 능력을 개발해 나갈 수 있다든지 등의 긍정적이고 적극적인 마음가짐으로 생활하는 것이 필요하다.

또한 이미 신체적 노화현상을 경험하고 있기 때문에 활발한 운동과 영양섭취 등으로 노화를 예방·지연시키고 건강한 신체를 유지하는 것이 필요하다. 또한 신체적 질병에 대한 적절한 치료와 대처를 통해 자신의 건강을 효과적으로 관리하는 노력이 필요하다.

2) 노년기 생활하기

직장생활이나 사업을 했던 경우 60대 이후에는 사회에서의 은퇴를 수용하면서 인생과 사회의 선배로서 할 수 있는 일을 찾는 것이 필요하다. 이는 사회에서의 주도적 위치를 후배들에게 물려주는 것으로서 많은 아쉬움과 걱정이 생기는 일이지만, 가는 세월을 잡을 수 없는 인간의 한계상 어쩔 수 없는 일로서 받아들여야 한다. 또한 주변 사람들의 질병과 죽음을 경험하면서 이런 상황에서 배우자 및 친구와 생활하기를 배우고, 자신의 질병과 죽음에 대한 마음의 준비와 실제적 준비를 해 나가야 한다.

또한 근로소득이 없는 상황에서 경제적 필요를 채울 수 있는 방법을 마련하는 것이 필요하다. 이전에 미리 연금을 받을 수 있도록 했다면 연금으로 문제를 해결할 수 있지만, 연금을 일시불로 수령해서 지속적인 수입원이 될 수 있도록 투자를 할 수도 있다. 또는 노인을 위해 마련된 사회적 일자리를 통해 수입원을 갖기도 하며, 노인 대상 복지혜택을 찾고 도움을 요청하는 것이 필요하다.

참고문헌

Erikson, E. H. (1959). *Identity and the life cycle.* New York: International Universities Press.

6장

성 · 결혼 발달과업

성·결혼에 관련된 발달과업은 우리 사회에서 바람직한 이성관계를 발달시키기 위하여 각 연령대별로 달성해야 할 과업으로서 관련된 지식을 습득하는 것으로 출발한다. 사회적 상호작용을 기반으로 하는 과업인 만큼 인간관계와 관련한 변화와 발달을 포함하며, 이후 구체적인 관련 전략이나 행동습관 형성을 목표로 하는 수행의 발달을 그 주요 내용으로 한다. 성과 결혼 영역은 생의 초기보다 성인기 이후에 많은 발달과업이 부여되는 특징이 있다.

1. 유아기

1) 엄마, 아빠가 서로 사랑해서 서로 같이 산다고 생각하기

　이 시기에 유아들은 엄마, 아빠가 서로 사랑해서 같이 산다고 인식한다. 유아가 생각하는 사랑의 의미가 성인들과 다를 수 있지만, 유아기에는 '사랑'을 배우는 시기이므로 '사랑'에 대한 초보적인 이해를 형성하도록 지속적으로 모범을 보일 필요가 있다. 가시적인 엄마, 아빠의 사랑을 보고 직관적으로 느끼게 하는 것이 중요하다. 이에 반해 부부싸움을 하는 경우 엄마, 아빠가 서로 미워하고, 그

결과 자신에게 소홀하게 대하고 무관심할 수 있다는 부정적 정서
가 학습될 가능성이 높다. 그러므로 유아가 보는 앞에서 부부싸움
을 하는 것은 긍정적인 발달에 부정적인 영향을 줄 수 있다.

2) 부모가 결혼을 통해 자기를 낳았음을 알기

이 시기에 유아들은 부모가 결혼을 통해서 자기를 낳았음을 어
렴풋이 알기 시작한다. 상식적으로 결혼에 대해 영유아의 지식은
지극히 제한되어 있으므로 이 발달과업의 달성을 영유아에게 기대
하기보다는 애착 형성 과정에 대한 관심이 더 필요하다고 할 수 있
다. 바람직한 애착관계의 형성은 애착이론뿐만 아니라 정신분석,
나아가 대상관계이론에서 매우 중요시하고 있다. 이러한 애착관계
에 대한 변형으로 이 발달과업이 일반 성인의 의식 속에 자리 잡았
다고 볼 수 있으며, 전혀 무관한 것은 아니고 부부와 자식 간의 숙
명적 관계성이 '애착'이라는 개념으로 설명되고 있으므로 이에 대
한 이해를 통해 바람직한 애착관계를 형성하는 것이 이 시기 영유
아의 발달과업이라고 볼 수 있다. 다만 성, 결혼과 관련한 부분에
한정해서 해석하자면, 부부 사이의 애착행동과 영유아 간의 삼각
관계에서 영유아는 어렴풋이 부모와 자신의 관련성에 대한 성적
이해의 단초가 발생할 가능성은 있다. 그리고 '결혼'에 대한 단어를
경험하게 된다면 이 단어와 부모 그리고 자신의 관계가 관련될 수
있음을 '이해'하지는 못하지만 감지는 할 수 있게 되므로 이러한 면
에서 발달과업이 될 수는 있다고 하겠다.

3) 자신과 다른 성이 있으며 그 신체적 차이를 인지하기

자신과 성적으로 다른 존재에 대한 인지는 이후 성, 결혼 관련 발달의 가장 기초가 된다고 할 수 있다. 따라서 영유아를 둔 보호자는 성 구분에 대한 지적 이해를 돕기 위해 다양한 시도를 해야 할 것이다. 다만 다름을 지적으로 이해하기 위해 감각동작기를 벗어나야 하므로 2세 이전에 이러한 성 구분에 대한 지도를 하는 것은 소기의 성과를 거두기 어렵다. 따라서 주변세계에 대한 기억이 형성되고 새로 들어온 자극과 자신의 기억을 연결시키는 능력이 발달한 후에 성적 특징에 대한 기억을 형성시키고 그 구분을 시도하는 것이 보다 효율적일 것이다.

남녀 차이 중 이 시기에 획득될 수 있는 것으로 신체 구조의 차이에 대한 이해를 들 수 있는데, 물리적·외적 특징이 먼저 학습될 가능성이 크다고 볼 수 있다. 그러므로 신체 구조상 남녀가 다름을 인식하는 것이 이 시기의 우선적 발달과업으로 간주될 수 있다. 특히 엄마, 아빠의 신체 구조 차이를 먼저 경험할 확률이 크므로 성인의 신체 구조가 다름에 기반하여 남녀 차이의 인식을 출발시킬 가능성이 높다. 이성 형제나 이성 친구와 물놀이 등에서 성기관의 차이를 목격할 가능성보다는 부모와의 물놀이 등이나 목욕놀이 등에서 남녀 신체 구조의 차이를 목격하고 이에 주목할 가능성이 더 높으므로 목욕놀이 등에서 자연스럽게 신체 구조의 차이를 인지하도록 유도하면 보다 효율적인 과업 달성에 이를 수 있을 것이다.

2. 아동기

1) 부모를 결혼한 사이로 인식하고 자신이
부모의 결혼에 의해 태어난 존재임을 자각하기

이 시기에 자신이 부모의 결혼에 의해 태어났다는 것을 자각하는 것이 가장 중요한 발달과업이라 할 수 있다. 이러한 자각은 부모를 결혼한 사이로 인식하는 능력을 전제로 한다.

성이나 결혼과 관련한 발달에 있어 중요한 것은 부모라고 할 수 있다. 바로 결혼이라는 사상의 최초이자 유일한 모델이 부모이기 때문이다. 부모가 아동을 양육하면서 동시에 결혼한 부부로서의 행동을 아동 앞에서 자연스럽게 전개함으로 인해 아동은 결혼한 부부의 일상을 관찰할 수 있게 된다. 이때 초등학생이 되면서 혹은 그 전에 결혼에 대한 지식을 접하게 되고 자연스럽게 부모의 결혼과 연결시킬 수 있어야 한다. 특히 어머니로부터의 심리적 이유가 절실히 필요한 학동기는 부모에 대한 나름대로의 개념규정이 명확할 필요가 있다. 따라서 이 시기에 부모를 결혼한 사이로 인식할 수 있느냐 없느냐는 매우 중요한 과업이 될 수밖에 없다.

만일 이 시기에 이러한 발달과업이 달성되지 못하면 아동은 사회성 발달의 측면에서 혼란을 겪게 된다. Erikson의 자아정체성 발달에 의하면, 초등학교 저학년의 경우 주도성 대 죄책감의 시기를 벗어나 근면성 대 열등감의 시기로 접어들게 된다(이성진 외, 2009). 만일 부모에 대한 올바른 이해가 부족하다면 주도성 대 죄책감의 시기에서 벗어나 상위단계로 접어드는 데 어려움을 겪게 되어 부모와의 삼각관계를 여전히 지속함으로써 학교생활 적응에 어려움을 겪게 될 가능성이 크다. Freud에 따르면 남근기에 고착될 위험이 커질 가능성이 있다고 볼 수 있는데, 이는 성인기 부적응의 원인이 될 수 있다(정옥분, 2006).

2) 부모로부터 배우자로서의 역할을 무의식중에 배우기

이 시기의 아동들은 인지적 발달을 기반으로 타인을 이해하기 시작하고 중요한 타인인 부모의 행동으로부터 이전까지는 이해가 불가능했던 다양한 사상을 습득하게 된다. 따라서 결혼과 관련하여 배우자로서의 역할을 배울 수 있는 기초가 마련된 시기라고 볼 수 있다. 이 시기부터 비로소 아동은 배우자에 대한 이해를 할 수 있게 되고, 따라서 배우자 역할을 습득해야 하는 시기가 도래했다고 볼 수 있는 것이다. 아빠 혹은 엄마가 상대방 배우자를 대하는 방식, 가정에서의 행동특성 등을 관찰하고 이해함으로써 남편, 아내의 역할 구분을 하고 각 성에 적합한 역할을 모델부모를 통해 습득해야 한다. 따라서 이 시기에 부모는 남편 혹은 아내 역할의 모델임을 자각하고 각자의 이상적인 배우자상을 자녀 앞에서 시연해야 할 것이다.

3) 남녀의 차이를 인식하고 존중하기

남녀의 차이는 다양한 차원에서 존재한다. 발달과업으로는 생리적 차이뿐 아니라 신체적 차이도 인식한다.

생리적 차이보다 신체적 차이에 대한 인식이 낮은 순위를 차지했는데 이 결과는 어쩌면 당연한 것일 수 있다. 신체적 차이는 직접 관찰 가능한 것으로서 생리적 차이보다 인식하기가 보다 용이하므로 중요도에서 약간의 차이를 가져왔을 가능성이 있다. 그렇지만 인식의 용이성이 중요성의 우열의 기준이 될 수는 없다. 사실 신체적 차이를 알아야 생리적 차이의 인식이 가능하고 그것이 생리적 차이 지각의 선결조건이므로 더 중요하다고도 할 수 있다.

이러한 다름에 대한 인식은 남녀의 차이에 국한되는 것은 아니지만 성과 결혼에 관련된 발달과업으로서 다름에 대한 인식은 곧 남녀의 '다름'에 대한 인식이 그 중핵으로 간주될 수 있으며, 다르다는 것에 대한 인식은 곧 차이의 내용이나 이성에 대한 존중으로 이어지는 가교의 역할을 하므로 기본적으로 중요한 발달과업이라고 볼 수 있다.

'다름'을 인식했다면 그 다름을 존중할 것인지 혹은 경시할 것인지의 갈림길에 서게 된다. 이 시기에 성차에 대한 인식을 하고 이성을 존중하게 되는 것은 지극히 당연한 발달과업이라 할 수 있다. 타인에 대한 존중의 한 부분으로서 간주될 수도 있는 이성에 대한 존중은 타인에 대한 존중의 출발점이 될 수 있으므로 이런 점에서 매우 중요한 발달과업이라 할 수 있다.

남녀 차이에 대한 인식과 존중을 기반으로 남녀의 역할 차이에 대한 지각이 후속 과업으로 등장한다. 공적 기관으로서의 학교에 소속되면서 아동은 자신의 역할을 확장한다. 이 시기에 아동은 가족 내에 머물던 역할 범위에 엄청난 변화와 확장이 일어나면서 전형적인 남녀 역할 분담을 경험하게 된다. 놀이문화의 차이도 이와 무관하지 않다. 단체놀이는 집단 내의 역할 분담이 요구되며 자연스럽게 아동은 이러한 놀이문화 속에서 역할을 수행하는 연습을 하게 되는데, 남녀는 공교롭게도 주요 놀이의 종류에 있어 차이를 보이게 된다. 물론 근래에는 이러한 놀이의 성차가 완화되는 추세라고 볼 수 있지만 동성집단끼리의 유대감이 더 강해 놀이에 있어서 성별 분리가 비교적 뚜렷하다고 볼 수 있다. 이러한 차이는 남녀가 함께 하는 놀이에서의 역할 차이를 야기할 수도 있다. 다양한 원인이 있을 수 있지만 남녀의 공동놀이, 예를 들어 병원놀이 등에서 초등학교 저학년은 역할 분담이 뚜렷하다. 가족을 이루는 장면이 포함된 놀이에서 아빠 역할은 당연히 남아가 맡고 엄마는 여아가 맡는다. 좋든 싫든 아동은 또래와의 이러한 상호작용을 통해 남녀의 역할을 구분할 수 있게 되고 동시에 이행할 수밖에 없다.

생리적 차이는 단순히 신체적 차이를 넘어 신체적 차이에서 유래하는 생리학적 차이를 의미하는 것으로, 대표적인 것으로는 2차 성징이 있을 수 있다(이종완, 강현경, 2008). 물론 2차 성징은 신체적 특징의 차이를 포괄하고 있지만 여학생의 경우 월경을 경험함으로써 남녀의 생리적 차이를 극명하게 인식하게 된다. 초등학생 저학년의 경우 드물지만 2차 성징이 나타날 수 있고, 특히 여학생의 경우 당사자 혹은 또래 친구의 신체적 변화로 인해 생리적 차이를 자각하기 쉽지만 남학생의 경우는 이러한 여학생의 변화를 구체적으로 인식할 기회가 많지 않아 대부분 의도적 무의도적 교육을 통해서만 습득할 수 있다. 따라서 남학생에게 특히 중요한 발달과업이라 할 수 있다. 생리전 증후군(김태희, 2009)에 대한 자각은 여학생이나 남학생 공히 의도적 교육을 통해서만 인식될 가능성이 높으므로 생리적 차이에 따른 심리적 갈등의 소지를 줄이기 위해서는 이러한 사항에 대한 교육이 2차 성징이 본격적으로 나타나기 전에 반드시 이루어져야 할 것이다.

4) 동성 친구와 유대감을 형성하기

이 시기에는 이성에 대한 이해도 중요하지만 동성 간의 관계 형성도 매우 중요한 시기라고 할 수 있다. 어린이집이나 유치원에서 아동은 또래들과 접할 기회가 일찍 찾아온다. 그러나 자기중심성으로 말미암아 상대방에 대한 공감능력이 떨어져 유대감을 형성할 능력이 부족하다. 그런데 초등학교로 진학하는 연령대는 공감적 이해가 가능해지고 동료 간의 유대감이 발생한다. 아동기는 관심이 내적 욕구 충족에서 외적 사회활동으로 전환되는 시기라고 할 수 있으며 또래가 매우 중요하게 등장한다. 따라서 이 시기에 동성 친구와 유대감을 형성하는 것은 절대적인 과업이라 해도 과언이 아니다. 차후 매우 중요한 또래관계의 기초가 형성되는 초등학교 시기에는 동성 친구로 구성되는 또래집단에 소속하면서 유대감을 형성할 필요가 있다.

5) 사랑과 결혼을 관련지으며 결혼하면
자녀를 가진다는 사실을 알기

자신의 존재에 대한 의문을 가지면서 아동은 부모에게 질문이 많아진다. 이러한 과정에서 사랑과 결혼의 관련성에 대한 교육을 부지불식간에 받게 되는데, 따라서 이 시기 부모의 역할이 매우 중요하다고 할 수 있다. 사랑과 결혼을 관련짓되 어떻게 관련짓느냐는 거의 부모에게 달려 있다 해도 과언이 아니다. 이 시기의 부부싸움은 이를 지켜보는 아동의 사랑과 결혼의 관련성에 대한 인식에 상당한 영향을 줄 수 있다. 결혼이 단순히 물리적 결합이나 육체적 결합이 아니라 사랑이 바탕이 됨을 이해해야 하는 단계에 접어들 게 되면서 매우 중요해지는 과업이라 할 수 있다. 청소년기 직전 혹 은 초기라고 할 수 있는 이 시기에 아동은 몸의 변화뿐만 아니라 마 음의 변화가 동반되는데, 이러한 변화를 경험하면서 사랑에 대한 기초가 마련될 필요가 있다. 또한 이러한 사랑의 연장으로서 결혼 이 존재함을 이해해야 하는 시기로서 최근 이혼율이 높아지고 독 신자가 증가하는 경향이 있는 시대적 상황에서 이러한 발달과업은 매우 중요하게 다루어져야 할 것이다.

이 시기에는 부모와 자신의 관계뿐만 아니라 부모 간의 관계에 대한 개념도 형성하기 시작한다. 이러한 과정에서 앞서 등장한 부 모를 결혼한 사이로 인식하는 동시에 자신과의 관계에 대한 이해 가 깊어져 부모의 결혼과 자신의 탄생을 결부시켜 결혼과 그 결과 로서의 자녀 출산 및 양육이라는 가족 형성의 과정에 대한 이해의 폭이 넓어질 수 있다. 이러한 이해가 부족할 경우 아동은 자신의 존 재에 대한 수수께끼에 휩싸여 다른 발달이 지체될 수 있다.

6) 성인과의 신체 차이를 지각하고 사춘기 몸의 변화를 포함한 남녀의 차이를 이해하기

2차 성징이 본격적으로 나타나기 이전이라도 아동들은 또래 동 성과 이성의 신체적 차이를 인식하는 동시에 성인과의 신체 차이 도 지각하고 이해하게 된다. 먼저 시각적으로 당장 인식이 가능한 물리적 크기 차이부터 시작하여 신체적 특성의 차이, 예를 들어 수 염의 유무, 여아의 경우 유방 발달의 차이 등은 이전 시기부터 지각 하지만 인지발달이 이루어지면서 그 차이는 새롭게 해석될 수 있다. 이 시기에는 타인의 정체성에 대한 이해가 가능해지면서 부모를 비롯한 주변 성인에게 나름의 정체성을 부여하는 과정에 신체적 차이가 당연하게 포함되는 시기라고 할 수 있다. 아동은 신체적 차이에서부터 출발하여 성인과 자신을 구분하고 자아개념을 세분화하는 데 준거로 활용하기도 한다.

또한 이 시기에는 사춘기 몸의 변화를 이해하는 것이 매우 중요하다. 특히 여학생의 경우 초등학교 저학년부터 성적 성숙이 나타나는 경향이 있으므로 이러한 변화에 잘 대처하는 것이 점점 더 중요해지고 있다. 이 시기 아동의 신체발달 속도는 같은 연령에서도 개인차가 크게 나타난다. 이 시기는 남녀의 신체적 차이에 대한 이해가 정교해지는 단계라고 할 수 있다. 사춘기 몸의 변화에 대한 이해가 자기이해의 측면이 강하다면, 이 과업은 자기이해와 더불어 이성에 대한 이해를 동반하는 것으로 해석될 수 있다. 개인차는 있지만 대체적으로 초등학교 고학년에 올라가면서 '2차 성징'이라는 커다란 신체적 변화를 경험하게 된다.

따라서 자연스럽게 아동은 비형식적인 교육을 받게 되는데, 대표적인 것이 인터넷을 포함한 대중매체이며 또래와의 상호작용에서 보다 구체적으로 경험하게 된다. 부모로부터의 영향은 그리 크지 않다. 비형식적 교육 중 비교적 객관적이고 체계적일 가능성이 가장 높은 것이 부모로부터의 영향인데, 현대 학부모는 이 문제를 자각은 하지만 본인들의 지식이 부족하여 제대로 시행하지 못하는 실정이다. 이러한 가운데 아동은 대중매체나 또래로부터 무차별적 교육을 받게 되어 학교나 부모가 의도하지 않은 방향으로 성에 대한 학습을 진행한다.

이성의 차이를 잘 알게 되는 것은 곧 자신의 성과 그 반대의 이성에 대해 이해하는 것을 포함하는데, 이러한 이해의 토대 위에 배려를 배우게 된다. 이는 이후에 제시되는 발달과업에 등장하는 이성교제의 필수요건이라 할 수 있다.

7) 이성관계에 눈뜨기

이 시기에 아동은 아버지와 어머니가 결혼하게 된 과정에 관한 질문이 잦아지면서 자신의 이성관계를 상상하게 된다. 부모를 보면서 자신은 어떤 이성과 어떻게 만나서 어떤 생활을 하게 될까 하며 미래를 하나씩 꿈꾸게 되는 것이다. 따라서 이 시기에 부모는 적극적으로 이러한 발달과업에 대처해야 한다. 즉, 자녀 앞에서는 자신들이 이상적인 남녀관계의 전형에 대한 시범을 보인다는 자각을 끊임없이 해야 하는 것이다. 이것이 부모가 물려줄 수 있는 최선의 유산이다.

많은 이성 중 어떤 친구가 자신과 맞는가를 조금씩 알아가기 시작하는데, 이러한 탐색은 곧 학습으로 이어지고 탐색 시간에 비례해 아동은 이성관계에서 성숙하게 된다. 이러한 작업이 제대로 이루어지지 않고 유예될 경우, 이후의 이성교제에 자신감이 결여되고, 따라서 고립되거나 결혼을 하더라도 쉽게 이혼으로 이어지기 쉽다. 따라서 이 시기부터 자신과 잘 맞는 이성을 찾는 것은 매우 중요하다 할 수 있다.

또한 이 시기에는 혼전순결과 관련한 개념이 본격적으로 형성된다. 성적 성숙이 막 시작되는 순간 혼전순결에 대한 의식이 관념 속에 자리 잡지 않을 경우 아동은 이후 청소년기에 많은 시행착오를 겪게 되면서 관념적 자제가 아닌 경험적 자제의 수준에 이르기 위해 많은 희생을 치를 가능성이 크다. 따라서 그러한 인생의 손실을 예방하기 위해서는 이 시기부터 혼전순결에 대한 확고한 신념을 스스로 확립해야만 한다.

또래 동성과 어울려 지내면서 아동은 집단 문화의 일부로서 또래 이성에 대한 관심이 자연스럽게 발생한다. 물론 또래의 영향을 받지 않더라도 이성에 대한 관심은 지극히 자연스러운 것이다. 그렇지만 스스로 혹은 또래의 영향을 받아 이성에 대한 관심이 발생하지 않는다면 이는 성과 결혼 발달에 있어 치명적인 결함을 초래할 수 있다. 이 영역의 학습과 발달에 필요한 동기 수준이 현저히 떨어지게 되는 것이다. 따라서 성·결혼 발달의 출발점으로서 이성에 대한 관심은 필수적인 발달과업이라 할 수 있다.

이성에 대한 이해는 양적인 측면에서 이해되기보다 질적인 측면에서 이해되어야 한다. '눈을 뜬다'는 표현은 이러한 의미를 지닌다고 볼 수 있는데, 관심을 기초로 아동은 이성에 대한 탐색이 시작되고 그 탐색의 결과 이성에 대한 형태(gestalt)를 습득하게 되면 이른바 '눈을 뜨게' 된다. 이 항목은 관심이 전제되어야 한다고 볼 수 있지만 관심이 생기는 것 자체를 눈 뜨는 것으로 해석할 수도 있다. 그러나 관심은 출발점에 불과하고 이성과의 관계에서 어떤 깨달음(aha-experience)을 경험하게 되는 단계까지 나가는 것이 이 발달과업 달성의 관건이라고 할 수 있다. 이 시기부터 시작하여 동성에게 느끼는 유대감과 이성에게 느끼는 사랑이 분화된다고 볼 수 있는데, 이러한 분화가 제대로 이루어지지 않을 경우 동성애적 성향을 보일 가능성이 있다. 이론적 논란의 여지는 여전히 있지만 이성애 발달과 관련하여 매우 중요한 시기임은 분명하다. 우정과 가족애 그리고 이성애가 혼재해 있는 상태에서 아동이 이러한 사랑의 감정들을 잘 구분하고 발산한다면 성공적인 학교생활로 이어질 수 있다.

3. 청소년기

1) 남녀의 생리적 차이와 사춘기 몸의 변화를 인식하기

사춘기가 시작되는 시기에 2차 성징이 나타나면서 생리적 특징에 대한 민감성이 증가하게 된다. 이때 물론 이성에 대한 관심과 함께 상대 성의 신체적·생리적 변화에도 민감하게 되지만 발달의 개인차로 인해 자연스럽게 이루어지지 않을 확률도 높다. 따라서 자신과 이성에 대한 생리적 특징을 의식적으로 이해할 필요가 있다. 특히 학교에 반감을 가지기 쉬운 청소년 초기에 비정상적으로 성지식을 습득하게 되면 이것이 또래 사이에 보편성을 띠게 되어 잘못된 성지식이 만연할 수 있으므로 부모는 이를 점검하여 올바른 지식으로 유도한다.

이 발달과업의 경우 개인에게 부여되는 것으로 인식되지만 사실상 사회적 대처가 필요한 영역이라 할 수 있다. 이를 위해 법적 성인이 되는 연령에 성인식을 하는 것과 동일하게 2차 성징이 발생하는 순간을 기념하고 축하하는 문화를 조성할 필요가 있다.

한편, 성에 대한 호기심이 최대치에 달하는 시기라고 볼 수 있는 청소년 초기에 남녀의 신체적 차이에 대한 구체적 지식 습득은 매우 중요한 과업이라 할 수 있다. 아동기부터 습득해 온 남녀의 신체적 차이는 더 이상 의미 없게 된다. 2차 성징의 발현으로 막연하게 상상만 하던 남녀의 신체적 특징 중 자신에 해당하는 특징을 직접 경험하면서 상상이 현실이 된다. 다만 개인차로 인해 소외감을 느끼는 경우도 있으므로 2차 성징 발현 시기의 개인차에 대한 이해가 우선되어야 한다. 자신의 변화가 느릴 경우 또래의 변화를 통해 성차를 구체적으로 이해하게 되며, 여기에 환상과 상상이 더해져 왜곡된 지식을 형성할 가능성도 있으므로 객관적 지식을 습득하도록 유도할 필요가 있다.

2) 성윤리를 습득하기

청소년이 다른 분야의 가치관이 아직 미숙한 상태에서 급격한 신체적 · 심리적 변화를 겪게 되면 부모와의 관계뿐만 아니라 이성과의 관계에서 격변을 경험하게 되므로 올바른 가치관의 습득은 매우 중요한 주제라 할 수 있다. 특히 다양한 매체를 통해 접하게 되는 다양한 성문화에 방향을 잃고 방황할 가능성이 높기에 청소년기에는 적절한 성윤리를 습득하는 것이 무엇보다 중요하다. 다만 다양한 분야에서 미숙한 청소년의 상태를 올바로 진단하고 이에 적절한 교육적 처방을 제시하는 다양한 프로그램이 학교와 지역 청소년센터에 갖추어져야 성윤리 습득의 기반이 마련될 수 있다. 청소년 개인의 책임으로 이 과업을 미루기보다는 바람직한 성윤리를 습득하기 위해 적절한 성교육을 하는 것이 필수적이라 할 수 있다.

3) 결혼을 통해 부부가 됨을 인식하기

이 시기에 중요한 또 하나의 발달과업은 결혼에 대해 올바로 인식하는 것이다. 조숙한 경우 동거를 시작하기도 하는 시기이므로 결혼과 부부관계에 대한 기초적인 지식을 습득하는 것은 매우 중요하다. 성적 차이에 대한 이해는 결혼과 부부관계에 대한 선행지식을 구성하며, 많은 경우 이러한 선행지식의 부재로 심지어 이혼에 이르게 되기도 한다. 따라서 중학생 시기에 남녀의 차이에 바탕을 둔 결혼과 부부관계에 대한 지식을 습득한다면 성인이 되어 결혼적령기 그리고 이후 부부생활에 중요한 기반이 될 수 있다.

4) 성교육 받기

청소년기의 성교육은 다른 발달과업 모두와 관련된 가장 중요한 과업이다. 이 시기에는 성교육을 받고 성생활의 책임 의식을 깨달아야 하며 이성교제에서 상대의 성을 존중해야 한다. 아울러 외모뿐 아니라 성격 등 다른 측면도 고려할 수 있어야 하는데, 이는 외모에 이끌리는 등 이성에 대한 충동적 감정을 절제하는 법을 배워야 할 필요성을 시사한다. 성생활의 책임 의식, 상대 존중, 내면의 발견, 감정 절제, 차이 인식, 상대의 특성 이해 등은 대체로 이상적이거나 내면적인 능력이 강조되고 있다. 따라서 성교육의 목적은 이러한 항목에 집중하여 계획되고 실행되어야 할 것이다. 과거 가정에 국한하거나 혹은 책임을 떠넘기는 경우가 흔하였으나 이제는 사회 전체가 이에 대한 책무감을 실감하고, 학교와 매스미디어를 통합하는 체계적인 성교육 체제를 갖추는 일이 시급하다.

발달과업의 하위요인을 상세화하면 이성경험수행요인, 이성교제기술요인, 이성욕구요인 등이 존재한다. 2요인의 하위요인으로 이성애능력요인, 지식요인, 이성관계기술요인(자기개방 정도) 등이 존재하고, 3요인의 하위요인으로 결혼능력요인, 결혼지식요인, 연애수행요인 등이 존재할 수 있다. 대체로 일반인은 청소년의 성과 결혼에 관련된 발달과업으로 이상적인 측면을 매우 중요시하고 있으며 말초적이고 지엽적인 항목의 중요성을 인정하지 않고 있는 것으로 나타났다. 청소년기 후반인 고등학교 시기에 가장 중요시하는 것이 이성교제에 필요한 사전 지식과 태도와 관련된 사항으로, 많은 사람이 고등학교 시기에 이성교제를 하거나 준비해야 한다고 보는 관점을 간접적으로 나타낸다고 할 수 있다.

가장 중요하다고 선정된 피임방법 등의 성교육을 받는다는 항목은 김종서 등(1982)의 연구에서는 제시되지 않은 항목으로, 이 연구에서 새로이 추가된 대표적인 발달과업이다. 청소년기에 성관계를 가지는 비율이 시대적으로 변한 결과 추가된 항목이라고 볼 수 있다.

Mollenhauer과 Uhlendorff(1995)는 100명의 젊은이를 대상으로 면접을 통해 90개의 발달과업을 추출하였다(Uhlendorff, 2004에서 재인용). 그런데 이 연구에서는 성 · 결혼 발달이라는 한정된 영역에서만 59개가 추출되었으므로 보다 구체적인 발달과업이 추출되었다고 볼 수 있다. 추출된 항목의 중요도에 따라 내용을 비교해 보면, 전반적으로 사람들이 생각하기에 이 시기의 중요한 것은 정신적 성숙이며 실제적 경험은 유보시켜야 한다고 보고 있는 것으로 나타났다. 청소년 성경험의 비율은 증가하는 추세(서울시, 2006)이지만 우리나라의 성인들은 평균적으로 여전히 실제 성경험은 발달과업으로서의 중요성이 낮다고 보고 있는 것이다.

이렇게 추출된 발달과업의 위계는 청소년에 은연중에 성인으로부터 가해지는 성과 결혼에 관련된 압력으로서의 발달과업으로 간주될 수 있다. 따라서 고등학생 시기에 결혼상대를 물색하고 육체적 관계의 경험을 하고 이성을 사귀는 기술도 익혀야 하며 성적인 경험도 하는 것으로 기대된다. 동시에 성생활의 책임 의식을 깨닫고 이성에 대한 감정을 절제하는 법을 알아야 하며 결혼에 대해 진지하게 생각하면서 결혼 조건을 구체적으로 고려하는 수준까지 요구받는다. 이러한 구체적인 발달과업들은 성과 결혼에 관한 제 교육 프로그램을 구성할 때 교육목적 내지 내용의 사회적 원천(Tyler, 1949)으로서 기능하게 될 것이다.

4. 20대

1) 연애와 관련된 지식과 능력을 습득하기

이 시기에는 이성에 대한 호오의 판단을 외모가 아닌 다른 측면에 입각하여 내릴 수 있는 능력을 갖추는 것이 매우 중요하다. 물론 이를 위해서는 기본적인 인간관계 경험이 필요한 것은 당연한 것이며, 상대방의 외모뿐만 아니라 사회적 평판과 직접적 상호작용에 입각한 인성 평가 등을 전략적으로 실행할 필요가 있는 시기라고 할 수 있다. 따라서 이 시기의 이성관계는 경험과 학습에 중점을 두는 것이 적절한 전략이 될 수 있다. 당장 결정할 것이 아니라 모든 관계는 실험적이며 학습의 과정으로 인식되어야 할 필요가 있다. 외모 외에 어떤 측면을 볼 것인가 하는 것도 정답은 없으며 이성과의 상호작용 경험을 통해 확립해야 할 구체적 학습목표라고 할 수 있다.

연인을 배려하는 것도 필요하다. 외모에서 벗어나 내면을 보기 시작하면 이성에 대한 진정한 이해에 도달할 가능성이 높아지며 자연스럽게 상대를 배려할 수 있게 된다. 이해에 기반한 상호작용은 상대방에게 배려로 느껴질 가능성이 크다. 당사자의 배려 의지도 중요하지만 상대방에 대한 이해 없는 배려는 오히려 부담으로 작용할 수 있으므로 이해에 기반한 배려가 진정한 배려가 될 수 있다.

아울러 청년기에는 혼전 성관계 등에 대한 자신의 생각을 정립해야 한다. 혼전 성관계가 옳다 그르다를 떠나 그 자체에 대한 다양한 의미를 스스로 정립하고 이를 실행하는 능력을 갖추어야 한다. 최근 혼전 성관계가 일반화되고 있는 추세에 따라 중요한 주제가 되지 않을 수도 있지만 성관계 자체에 대한 자신만의 가치관을 정립할 필요가 있는 시기임은 분명하다.

이러한 발달과업을 달성하기 위해 기본적으로 남자와 여자의 세계가 다름을 아는 것은 매우 중요하다. 남녀가 경험하는 세계는 일차적으로 그 신체적 차이에 의해 달라지며 이후 사회적으로 제공되는 다양한 경험 역시 이질적인 내용을 포함한다. 따라서 그러한 다른 경험을 한 남녀는 서로 다른 경험을 하는 것을 미처 깨닫지 못해 많은 오류를 범한다. 다양한 성범죄에 노출된 여성들이 많은 피해를 보고 있다고 알려져 있지만 이에 대한 남녀의 인식 차이가 존재한다. 성범죄의 주요 대상인 여성의 목소리에 귀를 기울일 필요가 있으며 경험의 이질성으로 인해 적지 않은 남성들이 이를 간과하는 경향이 있으므로 필수 발달과업이라 할 수 있다.

눈에 보이는 차이 못지않게 상대 이성의 내면적인 차이와 내면의 가치를 알아볼 수 있는 능력도 이 시기에 요구되는 과업이다. 남녀의 차이는 신체적·생리적 차이뿐만 아니라 그로 인해 나타나는 경험적 차이 그리고 선천적·후천적·심리적 차이 등 다양한 차원에서 차이가 존재하며, 과거 여성이 이에 대한 배려를 받지 못해 많은 피해를 본 것으로 평가되고 있다. 여권운동 역시 반대의 성에 대한 이해보다는 여성의 피해와 불이익의 측면에서 변화를 추진하고 있지만 종종 장애에 직면하곤 하는데, 그 원인으로 남성에 대한 몰이해가 포함될 수 있다. 이러한 시대적 오류의 극복을 위해 상대방 성에 대한 이해와 배려가 필요하며, 특히 내면적 차이와 가치를 인지하는 것이 매우 중요한 것으로 나타난 것이다.

2) 결혼에 대해 구체적으로 구상하기

이 시기에는 결혼에 대해 구체적으로 구상하는 것이 필요한데, 먼저 배우자 선택에 있어 성격과 가치관을 고려해야 한다. 앞서 제시된 외모에 대한 집착을 버리라는 것이 소극적 표현이었다면 외모 외에 다른 측면으로 적극적으로 성격과 가치관을 파악하는 것이 필수적임을 강조하는 것이다. 성격은 보완적이고 가치관은 동일하거나 유사할수록 좋은 관계를 맺을 수 있으므로 이 점을 중점적으로 고려할 필요가 있다. 자신과 맞는 성격을 찾아가는 과정으로 이성관계를 이끌고 상대의 가치관을 존중하되 용납할 수 없는 가치관을 가진 사람은 배제하는 형식으로 이성을 선택할 수 있을 것이다.

아울러 이 시기에는 결혼관을 정립해야 한다. 결혼의 목적의식이 보다 분명해야 한다. 결혼의 사회적 의미도 다방면으로 숙지하여 시행착오를 최소화하는 것이 이 시기의 구체적 발달과업이다. 이는 성인으로서 결혼에 대한 사회적 책임을 인식하는 것과 관련이 있다. 결혼은 두 집안의 결합이기도 하며, 출산과 육아는 사회의 연속성을 확보하는 핵심 과업임을 자각하는 것이 중요하다.

물론 이러한 사회적 책무성과 더불어 사랑의 결실로서 결혼을 생각하는 것 또한 중요하다. 사랑이 전제되지 않은 결혼이 있을 수도 있으나 결혼생활의 지속을 보장하는 것은 부부가 서로를 신뢰하고 사랑해야 하는 것임을 이 시기에 자각하지 않으면 결혼 후 매우 많은 시행착오를 겪게 되며 이혼 가능성을 높이는 결과가 초래된다. 따라서 부부간의 사랑은 이상이 아니라 현실이며 필수조건임을 깨닫는 것은 매우 중요한 과업이다.

특히 20대 후반은 결혼에 접어들기 시작하는 연령대이다. 대학 졸업 후 경제적 자립이 가능해지는 시기이므로 결혼을 구체적으로 계획할 수 있다. 따라서 결혼으로 인해 발생하는 다양한 사회적 영향에 대해 신중하게 접근할 필요가 있다. 결혼은 곧 출산과 연결되며 자녀에 대한 부모의 책임은 사회적으로 매우 중요한 쟁점이 된 지 오래라 할 수 있다.

이와 관련하여 장기적으로 결혼에 대한 자신만의 관점을 수립하는 것은 매우 중요한 과업이다. 다만 근래에 이를 유예하는 풍조가 만연한데, 결혼은 구속이며 진로에 대한 장애라는 인식에 기인한 바 크다. 결혼에 대한 다양한 부정적 인식이 각종 매체를 통해 성장세대에게 주어진 영향이 크다 할 수 있는데, 이를 극복하는 것이 현재 사회적 과업으로 등장하고 있는 만큼 개인의 발달과업에 한정된 문제는 아니라고 볼 수 있다.

3) 연인 혹은 부부가 서로를 배려하기

앞에서도 강조되었듯이 상대방에 대한 공감적 이해에 기반해야 진정한 배려가 가능하므로 상대방에 대한 '학습'을 전략적으로 실행할 필요가 있다. 이 배려는 배우자 선택에 성격과 가치관을 고려하는 것으로부터 출발할 수 있다. 성격은 자신과 잘 어울리는지가 판단의 기준이 되고 가치관은 자신과 얼마나 일치하는가가 판단의 기준이 될 수 있다. 즉, 외모뿐만 아니라 다른 측면도 고려하여 배우자를 선택해야 배려가 자연스럽게 이어질 수 있다. 상대방에 대한 무지 혹은 가치관 불일치는 배려를 어렵게 하는 핵심 요소이므로 이해와 가치관 일치는 매우 중요한 선행과업이 된다.

4) 동성 친구의 소중함을 느끼기

청년기에 사랑과 연애에 열중하느라 자칫 친구관계를 소홀히 하기 쉽다. 따라서 이 내용은 이 시기의 발달과업으로 매우 중요하다고 할 수 있다. 친구관계가 인생의 매우 소중한 자산임을 많은 사람이 인정하고 있다. 특히 인생의 후반부로 가면서 자식들이 독립하고 부부만이 서로 의지하는 시기에 친구는 또 다른 구원이 될 수 있고, 이 시기의 친구관계는 결국 청년기로부터 출발하므로 청년기 친구관계는 매우 중요한 과업이 된다.

사회생활 초반에 학연 혹은 업무 관계 혹은 군대 등을 통해 다양한 친구를 사귀게 되며 이 중 마음이 맞는 몇몇과는 평생 친구로 지내게 되는 것이 자연스러운 과정이다. 동창회라는 사회적 조직을 통해 만남을 가질 기회가 빈번한 학교 동창들이 가장 흔한 친구관계라 할 수 있으며, 남자의 경우 군대 동기나 선후배들과 평생친구 관계를 맺기도 한다. 지극히 자연스러운 과정이지만 많은 노력이 필요한 과정이기도 하므로 매우 중요한 과업이라 할 수 있다.

5. 30대

1) 출산 및 육아에 대해 부부가 협조하기

30대는 성·결혼 발달과업의 핵심이라 할 수 있는 출산 및 육아가 과업으로 본격적으로 부여되는 시기라 할 수 있다. 최근 평균 출산 연령이 약 33세인 것으로 나타났다. 따라서 출산과 육아에 대해 부부가 협조하는 것은 매우 중요한 과업이라 할 수 있다. 수많은 매체에서 출산에 대한 두려움과 이후 육아의 고충에 대한 혐오감을 지속적으로 주입한 결과, 우리나라는 세계 최악의 출산율을 기록하고 있다. 특히 맞벌이의 일상화로 출산과 육아를 온전히 사회적 기관에 의존해야 하는 경우가 증가하고 있어 이 발달과업은 위기를 맞고 있는 듯하다. 사회적 위기의식이 각종 매체에도 반영되어 최근에는 출산을 장려하거나 출산과 육아의 즐거움을 전달하려는 프로그램이나 기획물들이 출현하고 있지만 실제 내용에 있어 역효과를 유발하는 부분도 있는 등 시행착오를 거듭하고 있다.

이러한 시대적 상황은 더욱 부부에게 출산과 육아에 있어 긴밀한 협조가 필요함을 요구하고 있다. 출산에 대한 계획을 세우는 단계부터 부부는 상호 이해를 바탕으로 협력해야 한다. 출산휴가를 사용하는 시기, 육아휴직을 하는 시기와 주체 등을 미리 협조적으로 상의하여 이와 관련하여 발생할 수 있는 갈등을 최소화하도록 해야 할 것이다. 물론 효율적인 출산과 육아를 위한 사회적 제도를 마련하는 것도 고려되어야 한다.

2) 배우자와의 올바른 관계를 위해 노력하기

배우자와의 관계에 대한 학습이 이루어지지 않은 상태에서 결혼을 하게 되면 오랜 시간 서로 다른 삶을 산 두 개인이 한 공간에서 부딪히며 살아가면서 갈등이 발생할 수밖에 없다. 이혼을 선택하는 사람들은 이 갈등을 필수적인 것으로 보지 않고 예외적인 것으로 인식한 사람들이다. 결혼으로 인한 동거생활에서 발생하는 갈등은 필연적인 것으로 볼 수 있으므로 상대방을 이해하고 배려하며 적절한 대처전략을 찾아가는 것이 필수적이다.

이 과업은 소극적으로는 외도에 대해 도덕적 책임을 느끼는 것으로 이어질 수 있다. 이를 위해서는 결혼생활에 대한 책임감뿐만 아니라 외도에 대한 유혹을 슬기롭게 뿌리치는 학습이 필요하다.

배우자를 인격적으로 대하는 것은 이 과업을 달성하기 위한 출발점이 될 수 있다. 배우자를 독립된 인격체가 아닌 소유물이나 부속물로 생각한다면 배우자가 존중이나 이해의 대상이 되기 어렵다. 따라서 배우자를 인격적으로 대하는 과업은 부부관계의 발전에 매우 중요한 부분이라 할 수 있다. 대등한 입장에서 호혜적 관계를 가지기 위해서는 그 전제조건으로 상대방을 인격적으로 대하는 것이 필수적이다.

3) 사랑에서 신뢰의 감정으로 변화하기

진정한 사랑은 신뢰를 바탕으로 이루어진다고 볼 수 있다. '세상에 믿을 사람은 나밖에 없다'는 수준에서 벗어나 드디어 나 아닌 믿고 의지할 수 있는 다른 한 사람이 생기는 것이 결혼이요, 진정한 사랑이다. 신뢰가 내포되지 않은 사랑은 인격적인 사랑이라고 보기 어려우며 상대방을 인격적으로 대하지 않는 결혼생활은 불행으로 이어질 가능성이 높다. 따라서 신뢰에 기반한 사랑이 이 시기에 매우 중요한 과업으로 등장할 수밖에 없다.

4) 결혼생활을 슬기롭게 영위하기

이 시기에는 결혼생활을 슬기롭게 운영하는 것이 중요하다. 이를 위해서 끊임없이 자신의 매력을 배우자에게 발산하고 또 배우자의 매력을 매일매일 재확인하는 것이 필요하다. 물론 이러한 매력의 발견은 사랑을 통해 이성 상대(결혼 후에는 배우자)를 이해하면 저절로 이루어진다. 보통 결혼을 할 즈음에는 상대방에 대한 막연한 환상이 있는데, 대개 이 환상은 얼마 가지 못한다. 이러한 환상을 깨지 않고 지속하는 것도 하나의 전략이 될 수 있다.

또한 슬기로운 결혼생활을 위해 필요한 것은 결혼에 대해 현실적으로 생각하는 것이다. 막연하거나 지나치게 이상적인 결혼관은 결혼생활을 불행하게 만들 수 있다. 낭만을 잃어버리기 싫어 계속 꿈속에서 살 수는 없으며, 결혼으로 인해 맺어진 집안끼리의 관계나 부부간의 관계에서 갈등이 있을 수 있음을 당연시하고 이해와 합의에 기반하여 현실적인 결혼생활을 영위하는 것이 필요하다.

한편, 결혼 후의 실망감을 극복하는 것도 중요하다. 자기 기대나 소망대로 결혼생활이 진행되지 않을 수도 있음을 알고 결혼에 대해 현실적으로 생각하며 실망감을 극복하기 위해 적극적으로 결혼생활을 즐기는 것이 필요하다.

'피할 수 없다면 즐겨라'라는 전략은 결혼생활에 아주 적절한 전략이라 할 수 있으며 이러한 자세를 가지고 결혼생활에 임한다면 결혼의 기술을 매우 기분 좋게 습득할 수 있다. 구체적으로는 많은 사람이 부부간에 성생활을 즐기는 것을 꼽고 있다. 물론 이러한 생활이 가능하면 또 다른 전략인 결혼 후 배우자 외의 이성에 대해 조심하기라는 항목은 그리 중요한 항목이 안 될 수도 있다. 하지만 즐기지 못하면 혹은 못한다고 생각하면 배우자 외의 이성에 관심이 갈 가능성이 높다. 그러므로 이를 조심하는 것이 매우 중요한 과업이라 할 수 있다. 이는 자연스럽게 이혼하지 않기 위해 노력하는 과업을 필요로 한다. 많은 결혼관계가 그냥 유지되는 것은 아니다. 수많은 갈등을 다양한 시행착오를 거쳐 해결하는 과정을 통해 결혼생활이 유지된다. 이를 자각하고 노력하지 않으면 결혼은 파국을 맞게 될 수 있다. 따라서 가장 좋은 전략은 '즐기는' 것이다.

6. 40대

1) 부부 사이에 이성과 사랑으로 서로 존중하기

부부가 결혼 후 일정 시간이 경과하면 서로 친해지고 익숙해지면서 빠지기 쉬운 것이 서로를 잘 안다고 생각하는 것이다. 친한 동성 친구 사이에 흔히 하는 행동으로 가벼운 무시와 함부로 대하는 것이 일상화되기 쉽다. 가벼운 무시와 경박한 대응이 우정이라는 이름으로 용서가 되듯이 부부간의 무시와 언어적 폭력이 사랑이라는 이름으로 용서가 될 수는 없다. 부부생활을 오래 했다고 동성 친구와 같은 관계가 될 수는 없다. 부부는 아무리 많은 세월을 같이 살아도 서로 존중하지 않는 한 그 관계가 금가기 쉽다. 따라서 항상 이성이 발동하여 선을 넘지 않도록 유의하는 것이 필요하다.

2) 결혼생활의 이해와 관용의 중요성을 인식하기

서로 이성적으로 존중하는 것도 중요하지만 오래 같이 살다 보면 단점도 알게 되고 이 단점에 대해 이해와 관용이 필요한 시점이 반드시 다가온다. 아무리 큰 결함이나 실수라도 그것이 이 단계의 결혼생활에서는 이혼 사유가 되어서는 안 된다. 부부일심동체라는 용어에 내포되어 있는 것처럼 배우자의 큰 결함이나 실수는 공동책임으로 인식되어야 한다. 실제로 배우자의 실수나 결함이라고 생각되는 사태를 조금만 더 분석해 보면 자신도 결부되어 있음을 깨닫게 된다. 따라서 이러한 깨달음은 자연스럽게 이해와 관용으로 연결될 수 있다. 의무적으로 하는 이해와 관용보다는 부부일심동체라는 용어에 기반한 공동운명체 의식에 기초하여 자연스러운, 당연한 이해와 관용이 진정한 발달과업이라 할 수 있다.

3) 배우자를 인생의 동반자로 생각하기

이해와 관용의 소극적 기반은 바로 배우자를 인생의 동반자로 생각하는 것에서 출발할 수 있다. 아무리 큰 허물이나 실수라도 동지 의식으로 극복할 수 있다는 것이다. 앞서 제시된 공동책임 의식에 기반한 적극적 기반보다는 정도가 약하긴 하지만 동지 의식 역시 난관을 극복하는 훌륭한 기제가 될 수 있다. 공동책임감과 동지 의식이 결합되면 운명공동체로 귀결된다.

4) 부부가 싸우기도 하겠지만 용서하고 사랑으로
   해결하기

부부가 싸움을 전혀 하지 않을 수는 없다. 물론 어떤 부부는 평생 싸움 한 번 없이 살아왔다는 보고를 하기도 한다. 매우 운이 좋은 경우이거나 아직 불행을 경험해 보지 못한 매우 불안정한 관계의 경우라고도 할 수 있다. 대판 싸우고 화해하고 하면서 부부생활을 이끌어 온 부부는 역설적으로 이후의 어떠한 위기도 매우 쉽게 극복할 수 있는 '체력'을 갖추게 되었다고 볼 수 있다. 일단은 갈등이 용서로 끝나지만 궁극적으로는 사랑으로 이해하게 되며 그 순간 증오심 등 부정적 감정조차 소멸되며 사랑의 감정은 더욱 증폭된다. 이성적으로 용서가 되더라도 감정의 앙금이 남는 것이 갈등의 흔한 결과이지만 부부 사이의 갈등은 용서를 넘어 이해에 기반한 사랑으로 극복될 수 있다. 어차피 '운명공동체'인 것이다.

5) 배우자와 의미 있는 다양한 경험하기

운명공동체 의식은 그냥 생성되는 것이 아니다. 결혼하기까지 사랑을 키우는 과정에서도 추억 쌓기가 필요하지만 오히려 결혼 후에 이러한 노력이 더 필요하다. 소극적 측면으로는 육아, 생활전선 등에서 공동 책임감과 동지 의식이 더욱 확고해지지만 적극적 측면에서 취미, 여행 등을 통해 긍정적·적극적인 운명공동체 의식이 생성될 수 있다. 따라서 고생스러운 경험을 공유하는 것도 중요하지만 그만큼 즐거운 경험도 공유하는 것이 매우 중요하다. 고생을 함께 극복하며 생기는 동지 의식, 책임 의식도 중요하지만 즐

거움을 공유하며 느끼는 사랑은 부부관계를 이상적으로 영위하게
만들 수 있다.

6) 부부가 협동하여 가정을 유지하기

부부는 한 가정을 이룸으로써 그 존재 이유를 찾을 수 있다. 그리
고 이 소중한 가정을 유지하기 위해 부부는 서로에게 의지하여 필
사적으로 노력한다. 어느 한쪽에 전적으로 의지하여 가정을 유지
하면 그 가정은 취약해지기 쉽다. 사실 어느 한쪽에 전적으로 의지
하여 가정이 유지될 수 없다. 그런 가정이 있다면 그것은 그렇게 생
각만 할 뿐인 것이다. 어느 가정이든 부부 공동의 결과물이다. 간
혹 몰이해로 인해 어느 한쪽 배우자에 의해 가정이 유지된다는 착
각을 할 수는 있다. 그리고 그 착각이 오래 가면 가정은 와해될 가
능성 또한 높아진다.

부부가 서로의 버팀목으로서 서로 의지하면서 가정을 유지해야
할 것이다. 물론 권태기도 같이 극복해야 하며, 이를 통해 배우자에
대한 사랑이 더 깊어질 수도 있다. 사랑을 적극적으로 표현하는 것
도 가정 유지에 많은 도움을 준다. 특히 안정된 소속감과 성관계에
서 만족을 느끼는 것은 가정을 유지하는 매우 중요한 조건이다. 결
혼은 사랑이 전부가 아니라는 인식 또한 가정을 유지하는 데 많은
도움을 준다. 사랑이 식었다고 바로 이혼을 생각하는 것은 매우 어
리석은 일이다.

자식의 진학 등 현실적인 문제로 대화 등의 상호작용 기회를 넓
히는 것은 서로의 대한 관심 감소를 예방하는 효과가 있어 가정 유
지에 도움이 된다. 이러한 상호작용이 지속되면 부부간에 느낌만

으로 서로를 이해하게 되며 배우자를 설렘과 편안함을 동시에 느끼는 대상으로 인지하여 평생을 같이할 수 있게 된다.

7. 50대

1) 배우자와 의미 있는 다양한 경험 공유하기

50대가 되면 육아와 경제적 자립이라는 과업이 어느 정도 완수된 상태에서 더 이상 소극적 의미에서 공동체 의식, 동지 의식을 유지·발달시키는 기제가 사라지게 된다. 따라서 이 시기는 적극적·긍정적 의미에서 공동체 의식, 동지 의식을 유지·발달시키는 절호의 기회가 찾아오는 시기라고 할 수 있다. 만일 이 시기에 취미 생활이나 여행을 통해 다양한 경험을 공유하지 않으면 오히려 위기가 올 수 있다. 점차 취미와 여가를 공유하는 것이 매우 중요해진다.

2) 자식뿐만 아니라 부부의 미래도 생각하기

자녀의 미래를 위해 희생하는 시기를 지나 50대는 자신들 스스로의 미래가 걱정되기 시작하는 시기이다. 은퇴 후를 계획하면서 배우자는 그 미래의 희망이 될 수도 있고 장애물이 될 수도 있다. 각자가 장애물로 인식하는 순간 부부는 파경을 맞게 되거나 그렇게 되지 않더라도 서로 불행한 삶이 시작된다고 볼 수 있다. 대외적으로만 부부이며 실제로는 별개의 삶을 도모하면서 행복을 스스로 저버리게 된다. 미래는 같이 계획해야 비로소 의미 있는 미래가 될 수 있음을 깨닫는 것이 이 시기의 주요 발달과업이라 할 수 있다.

3) 배우자를 인생의 동반자로 생각하기

미래를 계획하는 데 있어 배우자를 동반자로 생각하는 것은 당연한 것이지만 그만큼 어려운 일이기도 하다. 50대는 아직 인생의 여력이 남아 있는 시기로, 지금까지의 삶이 만족스러웠든 불만족스러웠든 관계없이 하나같이 제2의 삶을 꿈꾼다. 그러나 제2의 삶이라 해도 배우자를 포함한 삶을 꿈꾸어야 한다. 남아 있는 일말의 자신감은 자만심으로 바뀌어 허황된 미래를 그리기 쉽다. 지금까지의 삶이 배우자와 함께여서 가능했음을 그리고 남아 있는 일말의 자신감 역시 배우자로 인해 가능했음을 자각해야 행복한 제2의 삶이 열린다. 지혜로운 사람은 지금까지의 삶에 배우자의 중요성을 깨닫고 미래도 함께 설계하는 사람이다.

4) 배우자의 갱년기로 발생한 심적 갈등을 같이 극복하기

50대부터 흔하게 갱년기를 경험하게 된다. 배우자가 같이 찾아올 수도 있지만 대개 시간차를 두고 찾아오므로 적응에 불협화음이 발생할 수 있다. 따라서 이 시기에는 갱년기가 먼저 찾아온 배우자에 대한 상대방의 이해와 배려가 과업으로 주어진다. 물론 갱년기를 경험하는 당사자도 개인적인 발달과업으로 이를 극복해야 할 것이지만 배우자와 함께 있으므로 이를 자각하여 배우자에게 의지하여 혹은 배우자에게 피해를 주지 않고 이를 극복할 수 있다. 배우

자에게 의지하는 것이 더 좋을 수도 있고 배우자를 배려해서 독자
적으로 해결하는 것이 더 좋을 수도 있다. 문제가 되는 것은 의지하
면 안 된다는 믿음이나 의존해야만 해결된다는 믿음을 가지고 비
이성적으로 갱년기를 대하는 것이다. 어떠한 선입견이나 선결정
없이 배우자와 함께 상의하면서 많은 대화와 상호작용을 통해 합
심하여 위기를 극복하는 것이 바로 부부의 존재 이유임을 깨닫는
것이 중요하다.

8. 60대 이후

1) 배우자 간에 서로 의지하기

이 시기에는 50대까지 남아 있던 일말의 자신감은 사라지고 부
부는 현실적으로 서로 의지할 수밖에 없게 된다. 새로운 미래는 없
다. 미래가 있더라도 함께 만들어 가야 한다. 만일 그렇지 못한 경
우 각자 제한된 인간관계 속에서 힘겨운 사투를 이어 가게 된다. 이
런 시기에 서로의 소중함을 확인하고 서로 의지하는 순간 제2의 삶
을 향한 강한 의지를 불태울 수 있다. 혼자서는 안 되지만 둘은 가
능함을 절실히 깨닫는 순간인 것이다. 글자 그대로 人間이 비로소
되는 것이다.

2) 부부가 서로를 더욱 아껴 주기

서로 의지하는 것은 소극적 표현으로, 최소한의 발달과업이 표

현된 것이다. 적극적 표현으로는 서로 더욱 아껴 주는 것이다. 의지는 쓰러짐, 기울어짐을 전제로 하지만 서로 아껴 주는 것은 그러한 전제 없이 있는 그대로 더 발전적인 상태로 나아가도록 서로를 돕는 것이다. 이는 직업적 협력 체제를 더 강화할 수도 있다. 은퇴는 했지만 자식에게 의존하기에는 아직 이른 시기인 만큼 부부는 서로가 더욱 절실해지는 시기이다. 따라서 협력이 강화되어야 한다.

3) 정신적 교감을 중시하기

60대에 접어들면 성관계를 가지는 부부는 드물다. 물론 근래에 수명 증가와 신체적 건강의 증진으로 가능은 하지만 여성 배우자의 폐경 등으로 인해 어려움을 가지는 부부가 많다. 따라서 부부 사이를 이어 주는 특별한 연대감 형성의 주요 기제로서의 육체적 교감이 없는 부부에게 정신적 교감은 중요한 유대감의 원천으로 육체적 교감을 대체하게 된다. 정신적 교감은 대화가 매우 효율적인 전략이 될 수 있다. 같은 공간에 있는 것만으로도 교감이 이루어질 수 있지만 대화가 더해진다면 그 교감은 배가될 것이다.

4) 배우자에 대해 고마움을 느끼기

정신적 교감의 기반은 서로에 대한 신뢰와 감사의 마음이라고 할 수 있다. 고마움을 느끼는 것은 상대에 대한 존경과 존중을 넘어 절대적 존재인 신에 대한 태도와 동일한 태도를 취하는 것을 의미한다. 이러한 태도는 곧 절대적 복종, 순종으로 이어지므로 갈등의 여지가 사라지게 된다.

5) 배우자에 대한 사랑이 더 깊어지기

고마움의 원천은 사랑에 있다. 종교적 의미에서 '사랑'이란 믿음
과 감사를 내포하고 있다. 마찬가지로 배우자에 대한 고마움은 배
우자를 사랑하기에 출현하는 정서라 할 수 있다. 따라서 배우자에
게 고마움을 느끼는 것은 그만큼 배우자에 대한 사랑이 깊어졌음
을 의미한다. 다만 그 순서를 따진다면 사랑이 깊어지는 것이 먼저
일 것이다. 인생관이 성숙하는 만큼 사랑관도 성숙해질 것이며, 이
러한 성숙한 사랑관이 부부간의 사랑에 그대로 반영될 수 있다. 따
라서 개인적 성숙과 부부관계의 성숙은 호혜적 관계 속에 상승의
쌍곡선을 그리게 되어야 하는 것이다. 부부간의 사랑이 깊어질수
록 각자 인생의 깊이도 깊어지고 인생의 황금기를 맞이하게 될 수
도 있다.

6) 배우자를 인생의 동반자로 생각하기

이 발달과업은 이 시기에는 필수요소로 자리 잡아야 하는 과업
이라고 할 수 있다. 아직 이 과업이 달성되지 못했다면 매우 심각
한 결손상태라 할 수 있다. 이전까지의 관계가 어떠했든 상관없이
이 시기에는 배우자를 인생의 동반자로 생각하지 않으면 안 된다.
좋았든 싫었든 관계없이 지금까지 이어 온 부부관계는 공동운명체
가 될 수밖에 없으므로 동지 의식의 형성은 필수적이라 할 수 있다.
'정'으로 산다고 하지만 지금이라도 '사랑'으로 전환하여 뜨거운 정
열을 불태우는 것도 인생의 황금기를 지내는 좋은 방법일 수 있다.

7) 배우자가 죽은 후 홀로서기에 적응하기

언제까지 부부가 같이 살 수는 없다. 수명의 제한으로 배우자의 죽음을 맞이한 후 이에 대한 적응은 모든 결혼한 부부에게 필연적이다. 이전의 생활에서 지나치게 의존적이었다면 적응에 어려움을 경험할 확률이 높다. 따라서 홀로서기에 적응하는 것은 홀로서기 이전부터 준비해야 할 것이다. 이 준비를 위해 부부가 서로를 도와줄 수 있으므로 홀로서기 이전에 준비하는 것이 매우 중요하다. 물론 이상적으로 준비하는 것이 바람직하지만 대부분 별다른 대비 없이 배우자의 죽음에 직면하고 많은 어려움을 겪으므로 이 시기의 중요한 발달과업으로 인식되고 있는 것이다. 가정사 이외의 사회적 활동이 이 적응에 많은 도움을 줄 수 있다. 물론 이를 위해서는 사회생활을 할 수 있는 신체적 · 정신적 여건을 스스로 준비해야 할 것이다.

참고문헌

김종서, 남정걸, 정지웅, 이용환(1982). 한국에서의 평생교육체제 정립에 관한 연구. **연구논총, 82,** 173-193. 한국정신문화연구원.

김태희(2009). 생리전 증후군. **순천향의학연구소, 14**(3), 79-84.

서울시(2006). 서울시 청소년의 성과 에이즈 지식, 태도, 신념 및 행태조사.

이성진, 임진영, 여태철, 김동일, 신종호, 김동민, 김민성, 이윤주(2009). **교육심리학서설**(제3판). 경기: 교육과학사.

이종완, 강현경(2008). 초등학생의 제2차 성징에 따른 체격체력 및 신체조성에 관한 비교연구. **한국초등체육학회지,13**(2), 165-175.

정옥분(2006). **아동발달의 이해**. 서울: 학지사.

Mollenhauer, K., & Uhlendorff, U. (1995). *Sozialpädagogische Diagnosen II: Selbstdeutungen verhaltensschwieriger Jugendlicher als empirische Grundlage für Erziehungspläne.* Weinheim, Deutschland: Juventa.

Tyler, R. W. (1949). *Basic principles of curriculum and instruction.* Chicago, IL: University of Chicago Press.

Uhlendorff, U. (2004). The concept of developmental-tasks and its significance for education and social work. *Social Work and Society, 2,* 54-63.

7장

가족 내 역할 인식 발달과업

인간은 가족 내에서 태어나서 가족과 함께 살다가 성인이 되면 자신의 원가족에서부터 독립하여 새로운 가족을 형성한다. 각 개인은 가족 내에서 일정한 역할을 부여받게 되고, 이를 수행하면서 자신의 존재 가치를 확인하고 사회적 기능을 연마한다. 그러나 가족구성원의 다양한 특성과 가족환경의 변화에 따라 가족구성원의 역할이 역기능적으로 변경되어 여러 어려움을 초래하기도 한다. 따라서 자신이 가족구성원으로서 어떤 역할을 수행해야 하는지를 아는 것은 개인의 발달에 있어서 매우 중요한 요소이다. 이에 이 장에서는 각 연령 단계별로 어떤 가족 내 역할 인식 발달과업이 있는지를 살펴본다.

1. 유아기

1) 부모에게 의존하는 역할 인식하기

이 세상에 태어난 아이는 우선 어머니와의 관계에서 자신의 역할을 인식하게 된다. 일정 기간 동안 절대적으로 어머니 또는 주양육자에게 의존하게 되는 아이는 끊임없이 보호자에게 여러 가지를 요청하면서 부모 또는 가족으로부터 돌봄받는 역할에 대한 인식을 하게 된다.

2) 형제와 협력–갈등하는 역할 인식하기

생애 초기 형제관계는 인간이 경험하는 첫 수평적 관계이다. 유아는 형제 순위에 따라 부모로부터 차별적인 대우를 받기도 하고, 형제간에 다양한 협력, 비교, 경쟁, 갈등 관계가 발생한다. 유아기 동안 형제간 경험을 통해 형제간의 권력 위계에서 어느 위치를 차지하는지 그리고 형제간 협력–갈등 관계에서 어떤 역할을 수행하는지에 대한 인식이 형성된다.

3) 확대 가족 관련 역할 인식하기

한 가정에 태어난 아이는 부모, 형제뿐만 아니라 조부모, 친척과의 관계에서도 자신의 역할을 인식하게 된다. 자녀의 출생과 성장을 즐거워하며 정서적 · 물질적 · 실질적 지원을 제공하는 조부모, 친척과의 관계 경험을 통해 유아는 부모와는 다른 차원의 의존관계를 형성한다. 이 시기의 유아는 친척을 포함한 가족을 알아보고, 집안의 분위기를 밝게 하며, 어리광을 부리는 발달과업을 갖게 된다.

2. 아동기

1) 부모에게서 벗어나는 자율적 역할 인식하기

아동기는 취학 전 시기에 비해 부모에게 의존하는 역할이 감소하고 자율적으로 행동하는 역할이 기대된다. 이 시기의 아동은 학교 갈 준비를 스스로 하기, 숙제를 주도적으로 하기, 자기 방 정리정돈을 스스로 하기, 혼자서 물건 사기 등 여러 영역에서 부모의 지원과 통제가 없이 가족의 한 구성원으로 역할을 할 것을 기대받는다.

2) 가족 내 조화로운 역할 인식하기

아동은 가족 내 조화로운 역할을 인식하는 발달과업을 수행한다. 부모와의 관계에서는 부모가 시키는 심부름하기, 부모 말 잘 듣기 등의 역할을 하고, 형제관계에서는 형제들과 싸우지 않고 잘 놀기, 동생 생활지도하기, 동생 돌보기 등의 역할을 한다.

3) 가족 내 책임 있는 역할 인식하기

아동은 가족 내에서 점차 책임 있는 역할 수행을 기대받는다. 여기에는 가족들의 기념일 챙기기, 집안일 분담하기, 친척과의 관계와 촌수 알기, 어른에게 예의 지키기 등이 포함된다.

3. 청소년기

1) 부모와의 관계에서 다양한 역할 인식하기

청소년은 여전히 부모에게 의존하거나 순종하는 역할을 수행하지만 점차 부모로부터 독립된 역할을 인식하게 된다. 즉, 부모 말 잘 듣기, 학업에 충실하여 부모의 기대에 부응하기, 부모에게 대들지 않기, 중요한 일을 부모님과 상의하기 등과 같은 의존과 순종의 역할이 요구되면서도, 부모 일 돕기, 집안일 분담하기와 같은 협력의 역할, 부모가 다툴 때 중재자 역할 하기, 부모의 장단점 수용하기 등의 포용의 역할도 요청받는다.

2) 독립적 역할의 확대 인식하기

청소년기는 부모로부터 독립적인 인격체로서의 역할이 시작되는 시기이다. 즉, 사춘기의 시작을 통해 신체적 변화와 함께 관계적 변화도 일어나게 된다. 이 시기의 청소년은 어느 정도 적당한 반항하기, 부모와 정서적으로 독립하기, 자기 방 정리정돈하기, 기숙사 · 자취, 하숙 등 떨어져 사는 것에 대해 적응하기 등의 발달과업을 수행한다.

3) 독립적인 가족구성원의 역할 인식하기

청소년기는 아직 어른은 아니지만 일정 영역에서는 어른과 같은 독립적인 개인으로서의 역할을 기대받는다. 가정의 상황을 이해하기, 가족 기념일 챙기기, 가족회의에 참여하기, 족보관계 확인하기, 가정에 대해 자부심 갖기와 같은 독립적인 역할을 수행해야 한다는 것을 인식할 필요가 있다.

4) 동지로서의 형제 역할 인식하기

청소년기에는 대체로 함께 청소년 시기를 보내는 형제들과 동지로서의 역할을 인식하게 된다. 즉, 동생 생활지도하기, 형제자매와 잘 지내기, 형제간 다툼 발생 시 중재자 역할 하기와 같이 청소년기를 보내는 동지로서의 역할을 인식하고 수행하는 것이 필요하다.

4. 20대

1) 원가족으로부터 독립하는 역할 인식하기

20대가 되면 진학, 취업, 군입대 등의 이유로 원가족으로부터 분리되고 독립하는 경험을 하게 된다. 사회적으로도 성인으로 인정되어 경제적·심리적·관계적으로 독립할 것을 기대받게 된다. 이 시기의 청년은 분가를 준비하기, 분가하기, 원가족과의 별거에 적응하기 등의 발달과업을 수행하게 된다.

2) 결혼 및 출산의 역할 인식하기

20대 중반이 되면서 청년들은 결혼 및 출산에 대한 가족과 사회의 기대와 요구를 접하게 된다. 사회적으로 결혼 연령이 늦어지고 비혼을 선호하는 경향이 많아지고 있지만, 여전히 결혼과 출산은 청년들의 중요한 발달과업으로 인식되고 있다. 이에 20대 중반 이후의 청년들은 배우자나 결혼에 대해 마음의 준비하기, 배우자를 선택하기 위해 노력하기, 결혼해서 새 가정을 만들기, 배우자의 원가족에 적응하기, 출산 및 육아 등의 역할을 인식하고 수행하게 된다.

3) 전체 가족에게 충실한 역할 인식하기

핵가족을 이루게 되면 이전의 원가족, 배우자의 원가족, 새로운 핵가족 등 여러 가족과 관계를 맺어야 해서 가족 역할의 부담이 증가한다. 결혼 전에는 자신의 원가족에만 충실하면 되었고, 그것도 부모의 관리나 지시하에서 수동적으로 참여하기만 하면 되었지만, 이제는 본인이 책임 있게 판단, 결정 및 행동해야 하는 부담을 갖게 된다. 그 대상도 늘어 이제 만들어 가는 핵가족뿐만 아니라 자신과 배우자의 원가족까지 신경 써야 하는 상황이 된다. 이에 이 시기의 청년은 핵가족의 가정에 충실하기, 가족과 함께하는 시간 갖기, 원가족의 기념일 챙기기, 원가족의 대소사에 참여하기, 원가족에게 신경 쓰고 도움 주기 등의 역할을 인식하고 수행하기를 요구받는다.

5. 30대

1) 부부생활 적응 역할 인식하기

30대는 결혼하여 새로운 가정을 형성해 나가는 시기로, 부부생활과 자녀 양육이 가정 내 주된 역할로 요구된다. 이는 원가족에서는 직접 수행하지 않았지만 부모나 삼촌, 이모 등을 통해 간접적으로 경험했던 역할이다. 우선 결혼하여 부부로서의 생활을 하는 경험은 매우 큰 기대를 가지고 시작하지만 그만큼 어려움이 많은 과정이다. 이 시기의 부부는 배우자를 이해하고, 각자의 역할을 조정하며, 여러 과제와 갈등을 협력하여 대처하는 발달과업을 수행한다. 이 과정에서 불가피하게 발생하는 갈등을 잘 처리해 가면 부부의 갈등 대처 능력이 향상되지만, 갈등이 더 심화되는 쪽으로 처리되면 이혼에 이르기도 한다.

2) 자녀 양육 역할 인식하기

결혼은 자연스럽게 자녀의 출산과 양육을 수반하므로 이에 관한 역할 수행은 이 시기의 중요한 발달과업이라고 할 수 있다. 부부의 합의에 따라 출산할 자녀의 수, 출산 시기, 양육방법 등이 달라질 수 있으며, 부부의 원함과 계획대로 이루어지지 않아 여러 어려움을 겪기도 한다. 이 시기의 부부는 부모로서 자녀 출산하기, 자녀의 일상사 챙기기, 자녀와 놀아 주며 놀이 지도하기, 자녀의 생활습관 지도하기, 자녀교육 등의 역할을 인식하고 수행해야 한다.

3) 원가족과의 관계 유지 역할 인식하기

30대의 부부는 부부생활, 자녀 양육과 관련하여 자신들의 부모로부터 자문을 받거나 실질적인 도움을 받기도 하며, 부모의 생활비나 용돈을 제공하는 등 원가족과도 지속적인 관계를 유지하며 효도하는 성인 자녀로서의 역할을 인식하고 수행한다.

4) 가족 내 책임 있는 어른의 역할 인식하기

30대는 이제 핵가족과 원가족에서 책임 있는 어른으로서의 위치를 갖게 된다. 경제적 안정 이루기, 가족의 기념일과 집안 내 경조사 챙기기, 가족과 여가 보내기, 가정생활에서 주인의식 갖기 등의 역할을 인식하고 수행하게 된다.

6. 40대

1) 자녀교육에 집중하는 부모 역할 인식하기

부모가 40대가 되면 자녀는 초등학교나 중학교에 진학하여 자녀의 학업에 관련하여 많은 노력을 기울이게 된다. 이 시기의 부모는 아직 어린 자녀와는 함께 놀아 주며 놀이 지도하기, 자녀의 생활습관 지도하기를 하며, 초등생 자녀에게는 학습 지도하기, 자녀의 일상사를 챙겨 주기를 하고, 중학교 이후의 자녀에게는 차츰 자녀의 독립을 지원하며 사춘기를 전후한 자녀들과의 갈등에 대처하기 등

다양한 자녀교육의 역할을 인식하고 수행하게 된다. 또한 경우에
따라 자녀의 출산 혹은 입양을 고려하여 새로운 자녀 양육을 시작
하기도 한다.

2) 견고한 부부관계 형성의 역할 인식하기

중년의 위기라는 표현이 어색하지 않을 정도로 우리 사회에는
40대 부부의 어려움이 일반화되어 있다고 할 수 있다. 결혼생활이
10년이 지나면서 부부의 애정과 열정이 줄어들고 자녀 양육과 사
회생활에 집중하면서 부부 사이를 견고히 하는 것에는 상대적으로
소홀하게 되는 경우가 많다. 이에 이 시기의 부부는 배우자에게 힘
이 되어 주기, 행복한 가정 만들기 그리고 이혼하지 않기 등의 발달
과업을 인식하고 수행하게 된다.

3) 부모 봉양의 역할 인식하기

이 시기의 부부는 자신들의 부모가 노령화되어 본격적인 부양을
해야 하는 상황에 놓이게 된다. 이에 이들은 부모 및 배우자 부모와
유대관계 맺기, 부모를 부양하기, 효도하기, 부모세대의 유고에 대
비하기 등의 역할을 인식하고 수행하게 된다.

4) 양방향으로 책임지는 역할 인식하기

40대의 부부는 자녀 양육과 부모 봉양이라는 양방향에 대해 모
두 책임 있는 역할을 수행해야 한다. 30대에서와 같이 경제적 안정

이루기, 가족의 기념일과 집안 내 경조사 챙기기, 가족과 여가 보내기, 가정생활에서 주인의식 갖기 등의 역할을 수행하지만 그 부담은 더욱 커진다.

7. 50대

1) 자녀 독립 지원의 역할 인식하기

50대의 부부는 이제 자녀가 20대가 되면서 자녀의 독립을 지원하는 역할을 수행하게 된다. 이 시기에는 자녀를 떠나보낼 준비하기, 자녀의 독립을 경제적으로 지원하기, 자녀를 결혼시키기, 자녀의 배우자에게 적응하기 등의 역할을 인식하고 수행하게 된다.

2) 부부관계 회복의 역할 인식하기

50대 시기에는 자녀의 독립으로 인해 결혼 초기처럼 부부만이 남게 되어 부부관계가 가족 내에서 주요한 관심의 대상이 된다. 그러나 결혼 20년이 넘어가면서 부부관계가 식고 서로의 갈등이 심화되어 쉽사리 부부관계가 회복되지 못하는 경우가 많다. 이에 배우자와 함께 취미생활 하기, 여행하기, 공동의 관심사 개발하기 등을 통해 부부관계 회복의 역할을 인식하고 수행하는 것이 필요하다.

3) 확대된 책임과 역할 인식하기

50대가 되면 자신의 부모는 더욱 고령화되고 자녀는 손주를 출산하여 관심을 기울여야 할 대상이 확대된다. 부모의 건강, 부부관계, 자녀의 경제적 안정, 손주 양육 등 다양한 책임과 역할이 주어진다. 이 시기에는 위로는 부모의 건강을 챙기며 봉양하고, 아래로는 손자녀를 돌보며, 전체적으로는 가족 간의 분쟁을 예방하고 조정하는 등의 역할을 인식하고 수행해야 한다.

8. 60대 이후

1) 서로 의지하는 부부 역할 인식하기

60대가 되면 30년 이상의 부부생활을 통해 미운정, 고운정이 쌓이고 서로가 신체적·사회적·정서적으로 약해진 모습을 보이며 서로 의지하는 부부관계가 형성된다. 이에 배우자를 돕고, 배우자의 죽음을 대비하는 등의 부부 역할을 인식하게 된다.

2) 아랫세대에 대한 책임을 다하는 역할 인식하기

60대가 되면 이제 가족과 사회에서 주도권을 자녀에게 넘겨 주고 이들에 대한 지원에 집중하게 된다. 이 시기에는 자녀의 행복을 바라기, 자녀 결혼시키기, 손자녀 양육에 대한 조언하기, 손자녀 돌보기, 손자녀와 친밀한 관계 맺기, 가족과 함께 여가생활하기 등의 역할을 인식하고 수행하게 된다.

발달과업 목록

영역별 발달과업 체크리스트

여기에서 제시한 체크리스트의 각 항목은 영역별 각 단계에서 달성해야 할 중요과업을 제시한 것입니다. 각 항목은 5점 척도로 구성되어 있습니다. 유아기나 아동기에 속한 어린이의 경우 주양육자가 대신 체크해도 무방합니다. 표준화된 검사가 아니어서 규준(norm)이 있는 것은 아니지만, 영역별 해당 단계의 평균점수가 '4점 이상'이면 그 단계의 발달과업을 수행한다고 볼 수 있고 '2점 이하'이면 발달과업 수행을 위한 지원이 필요함을 의미합니다. 정서적 발달과업에서는 해당 영역의 지시를 따라 체크하기 바랍니다.

◆ 지적 발달과업 ◆

번호	항목	정도				
		전혀 아니다	아니다	보통이다	그렇다	매우 그렇다
유아기						
1	기초적인 의사표현을 할 수 있다.	①	②	③	④	⑤
2	생활 주변에 있는 사물의 이름을 안다.	①	②	③	④	⑤
3	색깔을 구분할 수 있다.	①	②	③	④	⑤
4	글자에 관심을 가진다.	①	②	③	④	⑤
아동기						
1	단순한 내용의 동화책을 읽을 수 있다.	①	②	③	④	⑤
2	간단한 글을 읽고 내용을 알 수 있다.	①	②	③	④	⑤
3	받아쓰기를 할 줄 안다.	①	②	③	④	⑤
4	한글을 바르게 읽고 쓸 수 있다.	①	②	③	④	⑤
5	책을 읽고 느낀 점을 쓸 수 있다.	①	②	③	④	⑤
6	자신의 생각을 글로 조리 있게 표현할 수 있다.	①	②	③	④	⑤
7	책을 읽고 글의 주제를 안다.	①	②	③	④	⑤
8	맞춤법이 올바르지 않은 것을 구별할 수 있다.	①	②	③	④	⑤
9	분수의 곱셈, 나눗셈을 할 수 있다.	①	②	③	④	⑤
10	분수와 소수의 개념을 안다.	①	②	③	④	⑤
11	사칙연산을 능숙하게 할 줄 안다.	①	②	③	④	⑤
12	글쓴이의 의도를 파악하며 글을 읽을 수 있다.	①	②	③	④	⑤
13	주위환경에 대해 관찰할 줄 안다.	①	②	③	④	⑤
14	알파벳을 읽고 쓸 수 있다.	①	②	③	④	⑤
15	컴퓨터를 통해 필요한 내용을 찾을 수 있다.	①	②	③	④	⑤
16	10만까지의 수를 이해할 수 있다.	①	②	③	④	⑤

	청소년기					
1	글의 목적을 파악할 수 있다.	①	②	③	④	⑤
2	글의 제재와 주제를 파악할 수 있다.	①	②	③	④	⑤
3	비유법을 이해한다.	①	②	③	④	⑤
4	내용 전개 방법을 이해한다.	①	②	③	④	⑤
5	주제와 관련된 주장하는 글을 설득력 있게 쓸 수 있다.	①	②	③	④	⑤
6	기초적인 영어 문장을 암기한다.	①	②	③	④	⑤
7	영어의 기본적인 문법을 알 수 있다.	①	②	③	④	⑤
8	기초적인 영어 회화를 할 수 있다.	①	②	③	④	⑤
9	영어 단어 받아쓰기를 할 줄 안다.	①	②	③	④	⑤
10	글의 목적을 파악하고 주제를 파악한다.	①	②	③	④	⑤
11	글 속에 담긴 글쓴이의 의도를 파악할 수 있다.	①	②	③	④	⑤
12	정보를 이용할 줄 안다.	①	②	③	④	⑤
13	자신의 생각을 논리적으로 주장할 수 있으며 그에 따른 근거를 뒷받침할 수 있다.	①	②	③	④	⑤
14	주제에 맞는 글을 쓸 수 있다.	①	②	③	④	⑤
15	텍스트와 연관되는 고사성어를 이해한다.	①	②	③	④	⑤
16	글쓴이의 오류를 비판할 수 있다.	①	②	③	④	⑤
17	논술을 논리 전개과정(기승전결, 서론－본론－결론)에 맞추어 쓸 수 있다.	①	②	③	④	⑤
18	영어로 간단한 자기소개를 할 줄 안다.	①	②	③	④	⑤
19	외국인과 간단한 인사 정도의 회화를 나눌 수 있다.	①	②	③	④	⑤
20	간단한 영어 회화를 할 수 있다.	①	②	③	④	⑤
21	사회적 문제에 대한 자신의 의견을 논할 수 있다.	①	②	③	④	⑤
22	다양한 주제에 맞게 글을 성격에 맞게 쓸 수 있다.	①	②	③	④	⑤
23	무한대의 개념을 이해한다.	①	②	③	④	⑤
	20대					
1	자신의 의견을 논리적으로 주장할 수 있다.	①	②	③	④	⑤
2	높임말의 올바른 쓰임새를 안다.	①	②	③	④	⑤

3	글을 읽고 글쓴이의 의견에 따른 자신의 입장을 정리할 수 있다.	①	②	③	④	⑤
4	맞춤법에 맞게 글을 쓸 줄 안다.	①	②	③	④	⑤
5	다양한 분야의 책을 읽고, 그 내용을 이해한다.	①	②	③	④	⑤
6	글을 읽고 글쓴이의 오류를 지적할 수 있을 뿐 아니라 대안을 제시할 수 있다.	①	②	③	④	⑤
7	시사문제에 대한 지식을 쌓는다.	①	②	③	④	⑤
8	간단한 자기소개를 영어로 말할 수 있다.	①	②	③	④	⑤
9	토론을 이끌어 갈 수 있다.	①	②	③	④	⑤
10	실생활에 전공지식을 응용할 수 있다.	①	②	③	④	⑤
11	대학 전공 관련 지식을 안다.	①	②	③	④	⑤
12	일상 영어 회화가 가능하다.	①	②	③	④	⑤
13	사회에 대한 비판적 시각이 가능하다.	①	②	③	④	⑤
14	전공했거나 일하는 분야의 전문적인 지식이 있다.	①	②	③	④	⑤
15	신문기사를 이해할 수 있는 분야별의 상식을 알고 있다.	①	②	③	④	⑤
16	전문화된 자기의 전공지식을 습득하고 있다.	①	②	③	④	⑤
17	각종 매스컴의 정보를 정확히 이해한다.	①	②	③	④	⑤
18	컴퓨터를 이용하여 자유자재로 문서를 만들고 활용할 수 있다.	①	②	③	④	⑤
19	엑셀이나 파워포인트 등을 이용하여 문서를 만들 수 있다.	①	②	③	④	⑤
20	경제에 대한 전반적인 이해가 가능하다.	①	②	③	④	⑤
30대						
1	자녀교육에 대한 지식을 갖추고 있다.	①	②	③	④	⑤
2	가족 관리에 대한 지식을 습득하고 있다.	①	②	③	④	⑤
3	자신의 분야에 대해 해박한 지식이 있다.	①	②	③	④	⑤
4	인터넷을 이용하여 필요한 지식을 찾을 수 있다.	①	②	③	④	⑤
5	논리적으로 판단한다.	①	②	③	④	⑤
6	자신의 의견을 논리적으로 발표할 수 있다.	①	②	③	④	⑤
7	글을 읽고 내용을 요점을 파악, 정리, 요약, 발표할 수 있다.	①	②	③	④	⑤
8	유아교육에 관한 지식을 안다.	①	②	③	④	⑤
9	경제의 흐름을 파악할 수 있다.	①	②	③	④	⑤

10	세금 및 계약의 주체자로서 지식이 있다.	①	②	③	④	⑤
40대						
1	재정을 모으고 효율적인 사용방법을 안다.	①	②	③	④	⑤
2	자식 교육 정보에 대한 정보를 안다.	①	②	③	④	⑤
3	경제적 관념을 갖추고 있다.	①	②	③	④	⑤
4	상대방의 의견을 듣고 그 의견에 대한 자신의 생각을 논리적으로 말할 수 있다.	①	②	③	④	⑤
5	사람과의 관계를 잘 유지시키는 데 필요한 지식을 습득하고 있다.	①	②	③	④	⑤
6	시대에 뒤떨어지지 않는 정보를 습득하고 있다.	①	②	③	④	⑤
7	효과적으로 재테크를 할 줄 안다.	①	②	③	④	⑤
50대						
1	재정을 모으고, 모아진 재정을 효율적으로 사용할 줄 안다.	①	②	③	④	⑤
2	문제를 접했을 때 어떠한 순서로 해결할지를 안다.	①	②	③	④	⑤
3	자기가 알고 있는 지식에서 지혜를 발견할 수 있도록 한다.	①	②	③	④	⑤
4	자기계발에 필요한 지식을 익히고 실생활에 활용할 수 있다.	①	②	③	④	⑤
5	효과적으로 재테크를 할 줄 안다.	①	②	③	④	⑤
60대 이후						
1	건강에 대한 지식을 갖추고 있다.	①	②	③	④	⑤
2	건강에 필요한 지식을 익히고 실생활에 활용할 수 있다.	①	②	③	④	⑤
3	노후생활에 필요한 지식을 익히고 실생활에 활용할 수 있다.	①	②	③	④	⑤
4	세대 간의 차이점을 이해하고 자식과의 대화에 필요한 지식이 필요하다.	①	②	③	④	⑤
5	삶에 대해 통찰할 수 있다.	①	②	③	④	⑤
6	인생 경험을 통해 쌓인 지혜를 다른 사람의 인생에 조언할 수 있는 능력이 있다.	①	②	③	④	⑤
7	모아진 재정을 효율적으로 사용할 줄 안다.	①	②	③	④	⑤
8	성공의 참된 의미를 깨닫는다.	①	②	③	④	⑤
9	사회의 지식층으로서 사회공헌 및 사회사업에 대한 이해가 필요하다.	①	②	③	④	⑤

10	시대의 흐름을 읽을 수 있다.	①	②	③	④	⑤
11	사회 환원의 개념이 필요하다.	①	②	③	④	⑤
12	효과적으로 재테크를 할 줄 안다.	①	②	③	④	⑤

◆ 정서적 발달과업 ◆

다음 각 항목들을 읽고, 그 항목으로부터 **어느 정도 정서 경험을 하고 있는지** 생각해 봅니다.
그리고 그 정도에 맞게 응답합니다.

번호	항목	정도				
		전혀 아니다	아니다	보통이다	그렇다	매우 그렇다
유아기						
1	부모로부터 사랑받고 칭찬받는다.	①	②	③	④	⑤
2	부모와 신체적으로 접촉한다.	①	②	③	④	⑤
3	부모와 함께 논다.	①	②	③	④	⑤
4	가족과 신뢰감을 형성한다.	①	②	③	④	⑤
5	형제들과 상호작용한다.	①	②	③	④	⑤
6	친구를 사귄다.	①	②	③	④	⑤
7	언어를 습득한다.	①	②	③	④	⑤
아동기						
1	부모로부터 사랑받고 칭찬받는다.	①	②	③	④	⑤
2	부모와 신체적으로 접촉한다.	①	②	③	④	⑤
3	부모와 함께 논다.	①	②	③	④	⑤
4	가족과 신뢰감을 형성한다.	①	②	③	④	⑤
5	형제들과 상호작용한다.	①	②	③	④	⑤
6	언어를 습득한다.	①	②	③	④	⑤
7	부모와 편안하게 대화한다.	①	②	③	④	⑤
8	교우관계를 형성한다.	①	②	③	④	⑤
9	다양한 문화적 경험을 한다.	①	②	③	④	⑤
10	단체활동(수련회, 캠프 등)에 참여한다.	①	②	③	④	⑤
11	학습과제를 성취한다.	①	②	③	④	⑤
12	선생님과의 인간관계를 경험한다.	①	②	③	④	⑤

13	사춘기를 겪는다.	①	②	③	④	⑤
14	대인관계의 범위가 넓어진다.	①	②	③	④	⑤
15	2차 성징을 경험한다.	①	②	③	④	⑤

청소년기

1	부모와 편안하게 대화한다.	①	②	③	④	⑤
2	교우관계를 형성한다.	①	②	③	④	⑤
3	다양한 문화적 경험을 한다.	①	②	③	④	⑤
4	단체활동(수련회, 캠프 등)에 참여한다.	①	②	③	④	⑤
5	2차 성징을 경험한다.	①	②	③	④	⑤
6	학습과제를 성취한다.	①	②	③	④	⑤
7	선생님과의 인간관계를 경험한다.	①	②	③	④	⑤
8	사춘기를 겪는다.	①	②	③	④	⑤
9	어떤 것에서의 몰입을 경험한다.	①	②	③	④	⑤
10	일생을 함께할 친구를 사귄다.	①	②	③	④	⑤
11	가족들로부터 자신의 능력을 인정받는다.	①	②	③	④	⑤
12	학업에 몰두하고 성취한다.	①	②	③	④	⑤
13	자신의 존재가치를 인식한다.	①	②	③	④	⑤
14	목표달성에 성공하거나 실패한다.	①	②	③	④	⑤
15	대학입학에 성공하거나 실패한다.	①	②	③	④	⑤
16	인생이 무엇인가에 대해 고민한다.	①	②	③	④	⑤

20대

1	결혼한다.	①	②	③	④	⑤
2	취업에 성공한다.	①	②	③	④	⑤
3	출산을 경험한다.	①	②	③	④	⑤
4	배우자 가족에 적응한다.	①	②	③	④	⑤
5	직장생활의 적응과 부적응을 경험한다.	①	②	③	④	⑤
6	부모로부터 독립한다.	①	②	③	④	⑤
7	군대에 입대한다.	①	②	③	④	⑤
8	대학생활을 해 본다.	①	②	③	④	⑤

9	자기의 일을 스스로 해결한다.	①	②	③	④	⑤
10	친구들과의 우정을 나눈다.	①	②	③	④	⑤
11	깊이 있는 독서를 한다.	①	②	③	④	⑤

30대

1	결혼한다.	①	②	③	④	⑤
2	안정된 가정을 유지한다.	①	②	③	④	⑤
3	자녀를 양육한다.	①	②	③	④	⑤
4	출산을 경험한다.	①	②	③	④	⑤
5	부모로부터의 독립한다.	①	②	③	④	⑤
6	일과 가정의 두 가지 책임을 감당한다.	①	②	③	④	⑤
7	배우자 가족에 적응한다.	①	②	③	④	⑤
8	경제적 안정 또는 불안정을 겪는다.	①	②	③	④	⑤
9	일에서 승진하거나 실직한다.	①	②	③	④	⑤
10	부부간의 갈등을 겪는다.	①	②	③	④	⑤
11	이혼한다.	①	②	③	④	⑤
12	자녀가 학교에 들어간다.	①	②	③	④	⑤

40대

1	안정된 가정을 이루고 원만한 부부관계를 유지한다.	①	②	③	④	⑤
2	배우자와 자녀로부터 존경을 받는다.	①	②	③	④	⑤
3	가족을 부양한다.	①	②	③	④	⑤
4	경제적 안정 또는 불안정을 겪는다.	①	②	③	④	⑤
5	자녀를 교육한다.	①	②	③	④	⑤
6	자녀의 성장과 성취를 조력한다.	①	②	③	④	⑤
7	건강의 적신호, 신체적 능력의 퇴화, 노화 등을 경험한다.	①	②	③	④	⑤
8	가정과 사회에서의 중요 위치를 차지한다.	①	②	③	④	⑤
9	사회적 지위를 획득한다.	①	②	③	④	⑤
10	갑작스런 해고 또는 실직을 당한다.	①	②	③	④	⑤
11	부모님이 돌아가신다.	①	②	③	④	⑤
12	갱년기 증상들이 나타난다.	①	②	③	④	⑤

50대					
1	배우자가 질병에 걸리거나 사망한다.	①	②	③	④	⑤
2	부부관계가 긍정적으로 변화된다.	①	②	③	④	⑤
3	건강이 악화된다.	①	②	③	④	⑤
4	새로운 가족(며느리, 사위)을 맞이한다.	①	②	③	④	⑤
5	실직으로 인한 경제적 위기를 겪는다.	①	②	③	④	⑤
6	직업에서의 성공을 이룬다.	①	②	③	④	⑤
7	자녀가 독립해 나간다.	①	②	③	④	⑤
8	자녀가 성공하거나 성취를 이룬다.	①	②	③	④	⑤
9	손자, 손녀의 탄생으로 할아버지, 할머니가 된다.	①	②	③	④	⑤
10	일에서 (강요된) 은퇴를 한다.	①	②	③	④	⑤
11	부모님이 돌아가신다.	①	②	③	④	⑤
60대 이후					
1	화목한 가정을 유지한다.	①	②	③	④	⑤
2	배우자가 사망한다.	①	②	③	④	⑤
3	건강이 악화된다.	①	②	③	④	⑤
4	삶을 정리한다.	①	②	③	④	⑤
5	경제적 여건에 변화가 생긴다.	①	②	③	④	⑤
6	질병과 죽음에 대한 두려움을 느낀다.	①	②	③	④	⑤
7	취미나 여가생활이 많아진다.	①	②	③	④	⑤
8	가족들이 무관심해진다.	①	②	③	④	⑤
9	퇴물 취급받는 경험을 한다.	①	②	③	④	⑤
10	손자, 손녀의 탄생으로 할아버지, 할머니가 된다.	①	②	③	④	⑤
11	친구가 사망한다.	①	②	③	④	⑤

◆ 도덕성 발달과업 ◆

번호	항목	정도				
		전혀 아니다	아니다	보통이다	그렇다	매우 그렇다
유아기						
1	물건을 훔치지 않는다.	①	②	③	④	⑤
2	남의 것을 뺏지 않는다.	①	②	③	④	⑤
3	어른에게 인사를 잘 한다.	①	②	③	④	⑤
4	교통질서를 잘 지킨다.	①	②	③	④	⑤
5	거짓말을 하지 않는다.	①	②	③	④	⑤
6	어른에게 존댓말을 한다.	①	②	③	④	⑤
7	질서를 잘 지킨다.	①	②	③	④	⑤
8	쓰레기를 함부로 버리지 않는다.	①	②	③	④	⑤
9	어머니 말을 잘 듣는다.	①	②	③	④	⑤
아동기						
1	친구를 왕따시키지 않는다.	①	②	③	④	⑤
2	시간(약속)을 잘 지킨다.	①	②	③	④	⑤
3	웃어른을 공경한다.	①	②	③	④	⑤
4	거짓말을 하지 않는다.	①	②	③	④	⑤
5	선생님한테 대들지 않는다.	①	②	③	④	⑤
6	술, 담배를 하지 않는다.	①	②	③	④	⑤
7	자신의 말에 책임지는 사람이 된다.	①	②	③	④	⑤
8	친구를 때리거나 괴롭히지 않는다.	①	②	③	④	⑤
9	노인이 힘든 일을 하고 있을 때 도와준다.	①	②	③	④	⑤
10	자신의 일을 남에게 미루지 않는다.	①	②	③	④	⑤
11	친구들과 사이좋게 지낸다.	①	②	③	④	⑤
12	시험 칠 때 부정행위를 하지 않는다.	①	②	③	④	⑤

13	말과 행동이 일치한다.	①	②	③	④	⑤
14	욕설을 하지 않는다.	①	②	③	④	⑤
15	선생님 말씀을 잘 듣는다.	①	②	③	④	⑤
청소년기						
1	자기보다 어린 아이들의 돈을 가로채지 않는다.	①	②	③	④	⑤
2	도둑질을 하지 않는다.	①	②	③	④	⑤
3	불량서클에 가입하지 않는다.	①	②	③	④	⑤
4	친구를 왕따시키지 않는다.	①	②	③	④	⑤
5	폭력을 행사하지 않는다.	①	②	③	④	⑤
6	상급생과 어울려서 나쁜 짓을 하지 않는다.	①	②	③	④	⑤
7	담배, 술을 하지 않는다.	①	②	③	④	⑤
8	자신의 책임을 다한다.	①	②	③	④	⑤
9	거짓말을 하지 않는다.	①	②	③	④	⑤
10	남에게 피해를 주는 행동을 하지 않는다.	①	②	③	④	⑤
11	면허 없이 오토바이를 타지 않는다.	①	②	③	④	⑤
12	허락 없이 외박을 하지 않는다.	①	②	③	④	⑤
13	약속을 잘 지킨다.	①	②	③	④	⑤
14	마약이나 약물을 하지 않는다.	①	②	③	④	⑤
15	원조교제를 하지 않는다.	①	②	③	④	⑤
16	시험칠 때 부정행위를 하지 않는다.	①	②	③	④	⑤
17	가출하지 않는다.	①	②	③	④	⑤
18	규칙과 질서를 잘 지킨다.	①	②	③	④	⑤
19	또래집단 간의 신뢰를 중시한다.	①	②	③	④	⑤
20	부모님 말씀을 잘 듣는다.	①	②	③	④	⑤
21	친구들과 사이좋게 지낸다.	①	②	③	④	⑤
22	선생님이나 어른들에게 인사성이 바르다.	①	②	③	④	⑤
23	부모님을 도와드린다.	①	②	③	④	⑤
24	친구를 배려한다.	①	②	③	④	⑤
25	버스에서 자리를 양보한다.	①	②	③	④	⑤

26	네티켓을 지킨다.	①	②	③	④	⑤
27	친구들 뒤에서 헐뜯지 않는다.	①	②	③	④	⑤
28	청소년 출입금지 구역을 출입하지 않는다.	①	②	③	④	⑤
29	어려운 친구를 도와준다.	①	②	③	④	⑤
30	노인을 공경한다.	①	②	③	④	⑤
31	성적표를 위조하지 않는다.	①	②	③	④	⑤
32	수업진행을 방해하지 않는다.	①	②	③	④	⑤
	20대					
1	성폭행을 하지 않는다.	①	②	③	④	⑤
2	인신매매를 하지 않는다.	①	②	③	④	⑤
3	불법 성매매를 하지 않는다.	①	②	③	④	⑤
4	마약이나 약물을 하지 않는다.	①	②	③	④	⑤
5	도둑질을 하지 않는다.	①	②	③	④	⑤
6	무면허 운전을 하지 않는다.	①	②	③	④	⑤
7	음주운전을 하지 않는다.	①	②	③	④	⑤
8	자기가 한 말과 행동에 책임을 진다.	①	②	③	④	⑤
9	카드빚을 지지 않는다.	①	②	③	④	⑤
10	건전한 성문화를 가진다.	①	②	③	④	⑤
11	부모님께 효도한다.	①	②	③	④	⑤
12	국방의 의무를 소홀히 하지 않는다.	①	②	③	④	⑤
13	도박을 하지 않는다.	①	②	③	④	⑤
14	사회생활에 필요한 예의범절을 지킨다.	①	②	③	④	⑤
15	사회구성원으로서의 책임감을 가진다.	①	②	③	④	⑤
16	시험 칠 때 부정행위를 하지 않는다.	①	②	③	④	⑤
17	공중도덕을 지킨다.	①	②	③	④	⑤
18	네티켓을 지킨다.	①	②	③	④	⑤
19	음란물 사이트를 만들지 않는다.	①	②	③	④	⑤
20	공금횡령을 하지 않는다.	①	②	③	④	⑤
21	기업의 비밀을 유출시키지 않는다.	①	②	③	④	⑤

22	주민등록번호를 불법 도용하지 않는다.	①	②	③	④	⑤
23	신용불량자가 되지 않는다.	①	②	③	④	⑤
24	상대방의 인격을 존중한다.	①	②	③	④	⑤
25	아이들에게 모범이 된다.	①	②	③	④	⑤
26	자신의 직장에 충실한다.	①	②	③	④	⑤
27	어른을 공경한다.	①	②	③	④	⑤
28	이력서를 허위 기재하지 않는다.	①	②	③	④	⑤
29	남을 배려한다.	①	②	③	④	⑤
30	교통질서를 지킨다.	①	②	③	④	⑤
30대						
1	자녀를 올바르게 키우기 위해 노력한다.	①	②	③	④	⑤
2	아동학대를 하지 않는다.	①	②	③	④	⑤
3	가정에 대한 책임을 다한다.	①	②	③	④	⑤
4	불법 성매매를 하지 않는다.	①	②	③	④	⑤
5	마약이나 약물을 하지 않는다.	①	②	③	④	⑤
6	음주운전을 하지 않는다.	①	②	③	④	⑤
7	폭력을 행사하지 않는다.	①	②	③	④	⑤
8	불법 도박을 하지 않는다.	①	②	③	④	⑤
9	뇌물을 주거나 받지 않는다.	①	②	③	④	⑤
10	외도하지 않는다.	①	②	③	④	⑤
11	자기 언행에 대해 책임을 진다.	①	②	③	④	⑤
12	자신의 일에 최선을 다한다.	①	②	③	④	⑤
13	맡은 바 책임을 다한다.	①	②	③	④	⑤
14	자식에게 모범을 보인다.	①	②	③	④	⑤
15	부부 사이에 욕하지 않는다.	①	②	③	④	⑤
16	술 마시고 행패 부리지 않는다.	①	②	③	④	⑤
17	부정적인 방법으로 성과를 얻지 않는다.	①	②	③	④	⑤
18	노인을 공경한다.	①	②	③	④	⑤
19	운전 예절을 잘 지킨다.	①	②	③	④	⑤

20	불법 업소를 이용하지 않는다.	①	②	③	④	⑤
21	자기 분수에 맞는 생활을 한다.	①	②	③	④	⑤
22	공공장소에서 에티켓을 지킨다.	①	②	③	④	⑤
23	남을 배려한다.	①	②	③	④	⑤
24	교통질서를 잘 지킨다.	①	②	③	④	⑤
	40대					
1	성추행을 하지 않는다.	①	②	③	④	⑤
2	아동학대를 하지 않는다.	①	②	③	④	⑤
3	불법 성매매를 하지 않는다.	①	②	③	④	⑤
4	아이들에게 모범이 된다.	①	②	③	④	⑤
5	가정에 충실한다.	①	②	③	④	⑤
6	음주운전을 하지 않는다.	①	②	③	④	⑤
7	아이들 앞에서 싸우지 않는다.	①	②	③	④	⑤
8	자녀교육을 잘 시킨다.	①	②	③	④	⑤
9	배우자에 대한 정조를 지킨다.	①	②	③	④	⑤
10	불법 도박을 하지 않는다.	①	②	③	④	⑤
11	양가 부모님께 효도한다.	①	②	③	④	⑤
12	술 마시고 행패 부리지 않는다.	①	②	③	④	⑤
13	자신의 위치에서 최선을 다한다.	①	②	③	④	⑤
14	뇌물을 주거나 받지 않는다.	①	②	③	④	⑤
15	부나 명예에 대한 사회의 유혹에 현명히 대처한다.	①	②	③	④	⑤
16	정당한 방법으로 경제활동에 참여한다.	①	②	③	④	⑤
17	권력을 이용하여 부하들을 힘들게 하지 않는다.	①	②	③	④	⑤
18	자기 분수에 맞는 생활을 한다.	①	②	③	④	⑤
19	사이비 종교에 현혹되지 않는다.	①	②	③	④	⑤
20	법을 잘 지킨다.	①	②	③	④	⑤
21	납세를 잘 한다.	①	②	③	④	⑤
22	남을 배려한다.	①	②	③	④	⑤
23	공중도덕을 지킨다.	①	②	③	④	⑤

	50대					
1	불법 성매매를 하지 않는다.	①	②	③	④	⑤
2	음주운전을 하지 않는다.	①	②	③	④	⑤
3	외도하지 않는다.	①	②	③	④	⑤
4	사기치지 않는다.	①	②	③	④	⑤
5	아이들에게 모범이 된다.	①	②	③	④	⑤
6	퇴임까지 직업에 최선을 다한다.	①	②	③	④	⑤
7	퇴직한 배우자를 구박하지 않는다.	①	②	③	④	⑤
8	양가 부모님께 효도한다.	①	②	③	④	⑤
9	술 마시고 행패 부리지 않는다.	①	②	③	④	⑤
10	불법적 경제행위를 하지 않는다.	①	②	③	④	⑤
11	며느리와 자식을 구박하지 않는다.	①	②	③	④	⑤
12	손자와 손녀들에게 잘 해 준다.	①	②	③	④	⑤
13	지위나 권력을 남용하지 않는다.	①	②	③	④	⑤
14	사돈 될 집안에게 과도한 혼수를 요구하지 않는다.	①	②	③	④	⑤
15	나이가 어리더라도 예의를 다하여 대한다.	①	②	③	④	⑤
16	자신의 명예를 위해 자식 결혼을 강요하지 않는다.	①	②	③	④	⑤
17	납세의 의무를 실천한다.	①	②	③	④	⑤
18	불건전한 유흥업소 출입을 삼간다.	①	②	③	④	⑤
19	집안일에 충실하다.	①	②	③	④	⑤
20	자녀들에게 자신의 가치관을 강요하지 않는다.	①	②	③	④	⑤
21	남의 말에 귀 기울이고 조언을 할 수 있다.	①	②	③	④	⑤
22	형제자매 등을 챙긴다.	①	②	③	④	⑤
23	공중도덕을 지킨다.	①	②	③	④	⑤
	60대 이후					
1	배우자를 잘 돌보고 챙긴다.	①	②	③	④	⑤
2	사돈 될 집안에게 과도한 혼수를 요구하지 않는다.	①	②	③	④	⑤
3	술 마시고 행패 부리지 않는다.	①	②	③	④	⑤
4	삶을 정리한다.	①	②	③	④	⑤

5	아이들에게 좋은 교훈을 준다.	①	②	③	④	⑤
6	나이를 내세워 무조건적 양보를 강요하지 않는다.	①	②	③	④	⑤
7	건강을 잘 챙겨서 자식들의 짐을 덜어 준다.	①	②	③	④	⑤
8	며느리나 사위를 친자식처럼 대한다.	①	②	③	④	⑤
9	겸손한 마음으로 사람들을 대한다.	①	②	③	④	⑤
10	자식으로부터 보상받으려는 마음을 버린다.	①	②	③	④	⑤
11	노상 방뇨를 하지 않는다.	①	②	③	④	⑤
12	아랫사람을 존중한다.	①	②	③	④	⑤
13	전통적인 생활방식만을 고수하지 않고, 의견 수렴을 잘 한다.	①	②	③	④	⑤
14	공공장소에서 교양 있게 행동한다.	①	②	③	④	⑤
15	고집이나 독선을 버린다.	①	②	③	④	⑤

◆ 진로 발달과업 ◆

번호	항목	정도				
		전혀 아니다	아니다	보통이다	그렇다	매우 그렇다
유아기						
1	일을 해서 돈을 버는 '직업'이 있음을 안다.	①	②	③	④	⑤
2	건강한 생활습관을 형성한다.	①	②	③	④	⑤
3	친구를 사귄다.	①	②	③	④	⑤
4	독립심을 기른다.	①	②	③	④	⑤
5	스스로 해내는 성취감을 경험한다.	①	②	③	④	⑤
아동기						
1	자신에게 재미있는 일이 무엇인지 발견한다.	①	②	③	④	⑤
2	자신의 능력을 발견한다.	①	②	③	④	⑤
3	유연한 성역할을 채택한다.	①	②	③	④	⑤
4	리더십을 개발한다.	①	②	③	④	⑤
5	직간접적으로 풍부한 경험을 한다.	①	②	③	④	⑤
6	규모 있는 소비생활을 하는 방법을 배운다.	①	②	③	④	⑤
7	저축하는 습관을 들인다.	①	②	③	④	⑤
청소년기						
1	독서를 통한 간접경험을 쌓는다.	①	②	③	④	⑤
2	자율성과 자기주도성을 기른다.	①	②	③	④	⑤
3	공부를 열심히 한다.	①	②	③	④	⑤
4	진학정보를 찾는다.	①	②	③	④	⑤
5	자신의 직업적 특징을 이해한다.	①	②	③	④	⑤
6	진로 직업 정보를 찾는다.	①	②	③	④	⑤
7	대인관계 기술을 개발한다.	①	②	③	④	⑤

20대					
1	직업과 직장을 결정한다.	①	②	③	④	⑤
2	취업 준비를 위해 공부한다.	①	②	③	④	⑤
3	적극적으로 자신의 능력을 개발한다.	①	②	③	④	⑤
4	취업기술을 습득한다.	①	②	③	④	⑤
5	자신에게 맞는 이성을 만난다.	①	②	③	④	⑤
6	부모로부터의 재정적 독립을 위해 노력한다.	①	②	③	④	⑤
30대					
1	직장에서 인정받고 승진한다.	①	②	③	④	⑤
2	직장에 충실하며 안정된 생활을 꾸린다.	①	②	③	④	⑤
3	자녀를 출산하고 부모 역할을 습득한다.	①	②	③	④	⑤
4	규모 있게 소비하고 안정된 재테크를 시작한다.	①	②	③	④	⑤
5	자신의 능력을 꾸준히 개발한다.	①	②	③	④	⑤
40대					
1	조화롭고 행복한 가정을 만든다.	①	②	③	④	⑤
2	건강관리에 관심을 기울인다.	①	②	③	④	⑤
3	노후를 위한 경제적인 대책을 마련한다.	①	②	③	④	⑤
4	개인적으로 의미 있는 일을 탐색하고 실천한다.	①	②	③	④	⑤
5	직장 동료들에게 베풀면서 연장자로서의 역할에 적응한다.	①	②	③	④	⑤
50대					
1	가족과 함께 진솔하게 경제적인 대책을 마련한다.	①	②	③	④	⑤
2	제2의 인생을 위한 새로운 학습을 한다.	①	②	③	④	⑤
3	새로운 일 역할에 원만하게 적응한다.	①	②	③	④	⑤
60대 이후					
1	자신의 건강을 스스로 관리한다.	①	②	③	④	⑤
2	자신의 재능을 살려 사회에 봉사한다.	①	②	③	④	⑤
3	자신의 상황에 맞는 노후 대책을 세운다.	①	②	③	④	⑤

◆ 기본 생활능력 발달과업 ◆

번호	항목	정도				
		전혀 아니다	아니다	보통이다	그렇다	매우 그렇다
유아기						
1	대소변을 가릴 줄 안다.	①	②	③	④	⑤
2	바른 언어습관을 익힌다.	①	②	③	④	⑤
3	교통신호를 식별할 줄 안다.	①	②	③	④	⑤
4	혼자 대소변을 본다.	①	②	③	④	⑤
5	대소변을 가릴 줄 안다.	①	②	③	④	⑤
6	집과 부모의 전화번호를 기억한다.	①	②	③	④	⑤
7	바른 언어습관을 익힌다.	①	②	③	④	⑤
8	밥 먹기와 세안을 할 줄 안다.	①	②	③	④	⑤
9	자기 집주소를 안다.	①	②	③	④	⑤
10	스스로 옷, 양말, 신발을 신을 줄 안다.	①	②	③	④	⑤
11	음식을 맛있고 즐겁게 먹는다.	①	②	③	④	⑤
12	일찍 자고 일찍 일어난다.	①	②	③	④	⑤
13	부모님 및 어른의 말씀을 잘 듣는다.	①	②	③	④	⑤
아동기						
1	안전수칙을 지킨다.	①	②	③	④	⑤
2	학교생활에 적응한다.	①	②	③	④	⑤
3	학교시설의 이용방법을 익힌다.	①	②	③	④	⑤
4	밖에서 뛰어노는 운동을 한다.	①	②	③	④	⑤
5	준비물과 숙제를 스스로 챙긴다.	①	②	③	④	⑤
6	정확한 의사전달을 한다.	①	②	③	④	⑤
7	대중교통을 혼자 이용할 수 있다.	①	②	③	④	⑤

	청소년기					
1	학교생활에 적응한다.	①	②	③	④	⑤
2	공부, 운동, 용돈 계획을 스스로 세워 실천한다.	①	②	③	④	⑤
3	예의 바르게 대화한다.	①	②	③	④	⑤
4	자기 생활을 점검한다.	①	②	③	④	⑤
5	자기가 관심 있어 하는 것이나 특기를 찾아본다.	①	②	③	④	⑤
6	자기반성을 한다.	①	②	③	④	⑤
7	자신이 필요한 용품은 알아서 살 줄 안다.	①	②	③	④	⑤
8	용돈을 혼자서 관리한다.	①	②	③	④	⑤
9	학업을 충실하게 한다.	①	②	③	④	⑤
10	시간 관리를 할 줄 안다.	①	②	③	④	⑤
11	건강관리를 한다.	①	②	③	④	⑤
12	어른들과의 대화능력을 갖춘다.	①	②	③	④	⑤
13	봉사활동을 한다.	①	②	③	④	⑤
	20대					
1	시간 관리를 잘한다.	①	②	③	④	⑤
2	스스로 계획을 세우고 실천한다.	①	②	③	④	⑤
3	독립할 수 있는 능력을 키운다.	①	②	③	④	⑤
4	스스로 용돈을 벌어 본다.	①	②	③	④	⑤
5	군대 갈 계획을 하고 적응한다.	①	②	③	④	⑤
6	건전한 음주 및 흡연 습관을 습득한다.	①	②	③	④	⑤
7	독자적으로 경제생활을 한다.	①	②	③	④	⑤
8	직장생활에 적응한다.	①	②	③	④	⑤
9	건강을 위하는 생활습관을 형성한다.	①	②	③	④	⑤
	30대					
1	경제적인 안정대책을 계획 및 수립, 실천한다.	①	②	③	④	⑤
2	직장에 적응한다.	①	②	③	④	⑤
3	가족관계를 형성한다.	①	②	③	④	⑤
4	좋은 학부모가 된다.	①	②	③	④	⑤

| 5 | 가정에서 육아 및 집안 일을 분담한다. | ① | ② | ③ | ④ | ⑤ |
| 6 | 결혼한다. | ① | ② | ③ | ④ | ⑤ |

40대						
1	건강한 생활을 유지한다.	①	②	③	④	⑤
2	경제적인 생활능력을 갖추고 있다.	①	②	③	④	⑤
3	배우자 없이도 식사를 챙겨 먹는다.	①	②	③	④	⑤
4	집안일을 한다.	①	②	③	④	⑤

50대						
1	건강한 생활을 유지한다.	①	②	③	④	⑤
2	경제적 능력을 확보한다.	①	②	③	④	⑤
3	여가활동을 즐긴다.	①	②	③	④	⑤
4	사회활동에 참여한다.	①	②	③	④	⑤
5	적당히 거절할 줄 안다.	①	②	③	④	⑤
6	집안일을 한다.	①	②	③	④	⑤

60대 이후						
1	건강한 생활을 유지한다.	①	②	③	④	⑤
2	긍정적인 생활태도를 갖는다.	①	②	③	④	⑤
3	노년기를 위한 경제적 기반(연금 등)을 마련한다.	①	②	③	④	⑤
4	은퇴를 받아들인다.	①	②	③	④	⑤

◆ 성 · 결혼 발달과업 ◆

번호	항목	정도				
		전혀 아니다	아니다	보통이다	그렇다	매우 그렇다
유아기						
1	엄마, 아빠가 서로 사랑해서 서로 같이 산다고 생각한다.	①	②	③	④	⑤
2	부모가 결혼을 통해 자기를 낳았음을 안다.	①	②	③	④	⑤
3	신체 구조상 남녀가 다름을 안다.	①	②	③	④	⑤
아동기						
1	자신이 부모의 결혼에 의해 태어난 존재임을 자각한다.	①	②	③	④	⑤
2	부모를 결혼한 사이로 인식할 수 있다.	①	②	③	④	⑤
3	부모로부터 자신의 배우자로서의 역할을 무의식중에 배운다.	①	②	③	④	⑤
4	사춘기 몸의 변화를 이해한다.	①	②	③	④	⑤
5	남녀의 신체적 차이를 안다.	①	②	③	④	⑤
6	결혼은 사랑으로 이루어진다고 생각하게 된다.	①	②	③	④	⑤
청소년기						
1	남녀의 생리적 차이를 인식한다.	①	②	③	④	⑤
2	사춘기 몸의 변화에 대한 대처를 한다.	①	②	③	④	⑤
3	성윤리를 습득한다.	①	②	③	④	⑤
4	신체적으로 남녀가 다름을 구체적으로 알게 된다.	①	②	③	④	⑤
5	결혼을 통해 부부가 됨을 인식한다.	①	②	③	④	⑤
6	성교육(피임방법 등)을 받는다.	①	②	③	④	⑤
7	성생활의 책임 의식을 깨닫는다.	①	②	③	④	⑤
8	이성교제에서 상대의 성을 존중한다.	①	②	③	④	⑤
9	외모뿐 아니라 다른 측면도 고려할 수 있다.	①	②	③	④	⑤
10	이성에 대한 감정을 절제하는 법을 안다.	①	②	③	④	⑤
11	남녀가 다르다는 것을 인식한다.	①	②	③	④	⑤

12	이성의 특징을 인지한다.	①	②	③	④	⑤
	20대					
1	외모뿐 아니라 다른 측면도 고려할 수 있다.	①	②	③	④	⑤
2	연인 혹은 부부가 서로를 배려한다.	①	②	③	④	⑤
3	혼전 성관계 등에 대한 자신의 생각을 정립한다.	①	②	③	④	⑤
4	배우자 선택에 있어 성격과 가치관을 고려한다.	①	②	③	④	⑤
5	결혼관을 정립한다.	①	②	③	④	⑤
6	동성 친구의 소중함을 느낀다.	①	②	③	④	⑤
7	남자와 여자의 세계가 다름을 안다.	①	②	③	④	⑤
8	상대 이성의 내면적인 부분을 많이 본다.	①	②	③	④	⑤
9	외적인 것과 내적인 것에 조화를 이룬다.	①	②	③	④	⑤
10	이성을 배려할 수 있다.	①	②	③	④	⑤
11	성인으로서 결혼에 대한 사회적 책임을 인식한다.	①	②	③	④	⑤
12	연애를 진지하게 생각한다.	①	②	③	④	⑤
13	이성에 대한 가치관을 확립한다.	①	②	③	④	⑤
14	결혼관이 현실적으로 바뀐다.	①	②	③	④	⑤
15	결혼에 대해 진지하게 생각한다.	①	②	③	④	⑤
16	교제 대상과 가치관을 교환한다.	①	②	③	④	⑤
17	이성을 대할 때 신중해진다.	①	②	③	④	⑤
18	자신에 맞는 배우자형을 고려한다.	①	②	③	④	⑤
19	육체적 관계와 정신적 관계를 통한 배우자 선택 행동을 한다.	①	②	③	④	⑤
20	사랑을 해 본다.	①	②	③	④	⑤
21	성충동 자제 능력이 향상된다.	①	②	③	④	⑤
22	결혼을 전제로 이성교제를 한다.	①	②	③	④	⑤
23	이상형에 대한 구체적 기준이 생긴다.	①	②	③	④	⑤
24	자신만의 이성취향을 갖춘다.	①	②	③	④	⑤
25	결혼의 현실적 조건을 고려한다.	①	②	③	④	⑤
26	사랑을 통해 이성상대를 이해한다.	①	②	③	④	⑤

	30대					
1	출산 및 육아에 대해 부부가 협조한다.	①	②	③	④	⑤
2	배우자와의 올바른 관계를 위해 노력한다.	①	②	③	④	⑤
3	외도에 대한 도덕적 책임을 느낀다.	①	②	③	④	⑤
4	배우자를 인격적으로 대한다.	①	②	③	④	⑤
5	사랑에서 신뢰의 감정으로 변화한다.	①	②	③	④	⑤
6	고부간 갈등 등 배우자 가족과의 갈등을 잘 처리한다.	①	②	③	④	⑤
7	결혼 후 가정에 대한 진지한 고민을 한다.	①	②	③	④	⑤
8	배우자와 의미 있는 다양한 경험(취미, 여행)을 한다.	①	②	③	④	⑤
9	열정에서 지속적인 이해로 바뀐다.	①	②	③	④	⑤
10	결혼과 결혼 이후를 위한 현실적 능력을 키운다.	①	②	③	④	⑤
11	결혼은 열정 이상의 것임을 안다.	①	②	③	④	⑤
12	남편 혹은 아내의 역할을 인식한다.	①	②	③	④	⑤
13	배우자를 인생의 동반자로 생각한다.	①	②	③	④	⑤
14	결혼생활의 유지에 대해 지식을 습득한다.	①	②	③	④	⑤
15	자신이 매력적임을 보일 수 있다.	①	②	③	④	⑤
16	결혼에 대한 압박에 적절하게 대처한다.	①	②	③	④	⑤
17	사랑을 통해 이성 상대를 이해한다.	①	②	③	④	⑤
18	결혼을 통한 성의 경험을 하게 된다.	①	②	③	④	⑤
19	이성과의 만남 시 결혼을 염두에 둔다.	①	②	③	④	⑤
20	결혼 후의 실망감을 극복한다.	①	②	③	④	⑤
21	결혼에 대해 현실적으로 생각한다.	①	②	③	④	⑤
22	결혼은 집안 간의 대사임을 자각한다.	①	②	③	④	⑤
23	결혼생활을 즐긴다.	①	②	③	④	⑤
24	이성과의 대화를 통해 서로를 안다.	①	②	③	④	⑤
25	결혼의 기술을 습득한다.	①	②	③	④	⑤
26	부부간의 성생활을 즐긴다.	①	②	③	④	⑤
27	결혼 후 배우자 외의 이성에 대해 조심한다.	①	②	③	④	⑤
28	이혼하지 않기 위해 노력한다.	①	②	③	④	⑤

40대						
1	부부 사이에 이성과 사랑으로 서로 존중해야 한다고 인식한다.	①	②	③	④	⑤
2	결혼생활의 이해와 관용의 중요성을 인식한다.	①	②	③	④	⑤
3	배우자를 인생의 동반자로 생각한다.	①	②	③	④	⑤
4	부부가 싸우기도 하겠지만 용서하고 사랑으로 해결한다.	①	②	③	④	⑤
5	배우자와 의미 있는 다양한 경험(취미, 여행)을 한다.	①	②	③	④	⑤
6	남녀가 협동하여 가정을 유지한다.	①	②	③	④	⑤
7	가정을 지키기 위해 노력한다.	①	②	③	④	⑤
8	부부가 서로의 버팀목으로서 서로 의지한다.	①	②	③	④	⑤
9	권태기를 극복한다.	①	②	③	④	⑤
10	배우자에 대한 사랑이 더 깊어진다.	①	②	③	④	⑤
11	배우자의 숨은 면모를 알게 된다.	①	②	③	④	⑤
12	사랑을 적극적으로 표현할 수 있다.	①	②	③	④	⑤
13	안정된 소속감과 성관계에서 만족을 느낀다.	①	②	③	④	⑤
14	배우자를 친구처럼 여긴다.	①	②	③	④	⑤
15	결혼은 사랑이 전부가 아니라는 것을 알게 된다.	①	②	③	④	⑤
16	자식의 진학 등 현실적인 문제로 서로의 대한 관심 감소를 예방한다.	①	②	③	④	⑤
50대						
1	배우자와 의미 있는 다양한 경험(취미, 여행)을 한다.	①	②	③	④	⑤
2	자식뿐만 아니라 부부의 미래도 생각한다.	①	②	③	④	⑤
3	배우자를 인생의 동반자로 생각한다.	①	②	③	④	⑤
4	배우자의 갱년기로 발생한 심적 갈등을 같이 극복한다.	①	②	③	④	⑤
5	배우자에게 최선을 다한다.	①	②	③	④	⑤
6	정신적 교감을 중시한다.	①	②	③	④	⑤
7	가정을 우선으로 한다.	①	②	③	④	⑤
8	자식의 독립 후 서로에 대해 더욱 의지하게 된다.	①	②	③	④	⑤
9	배우자를 이해한다.	①	②	③	④	⑤
10	배우자에 대한 사랑이 더 깊어진다.	①	②	③	④	⑤
11	배우자에 대한 의무감과 책임감이 증대한다.	①	②	③	④	⑤

12	부부라는 연대감이 생긴다.	①	②	③	④	⑤
13	부부가 친구나 형제같이 살아가는 우정과 같은 부부애를 나눈다.	①	②	③	④	⑤
14	남녀 공히 호르몬의 변화에 대비한다.	①	②	③	④	⑤
15	배우자의 장점에 눈을 뜬다.	①	②	③	④	⑤
16	자칫 지루해질 수 있는 부부생활에 새로운 활력을 찾는다.	①	②	③	④	⑤
17	배우자를 운명으로 받아들인다.	①	②	③	④	⑤
18	배우자 외의 사람에게 흔들리기도 하나 이성으로 참는다.	①	②	③	④	⑤
19	권태기에 대한 대비를 한다.	①	②	③	④	⑤
20	다시 가정으로 돌아와 배우자와의 관계가 돈독해진다.	①	②	③	④	⑤

60대 이후

1	배우자 간에 서로 의지한다.	①	②	③	④	⑤
2	부부가 서로를 더욱 아껴 준다.	①	②	③	④	⑤
3	정신적 교감을 중시한다.	①	②	③	④	⑤
4	배우자에 대해 고마움을 느낀다.	①	②	③	④	⑤
5	배우자에 대한 사랑이 더 깊어진다.	①	②	③	④	⑤
6	배우자를 인생의 동반자로 생각한다.	①	②	③	④	⑤
7	배우자와 의미 있는 다양한 경험(취미, 여행)을 한다.	①	②	③	④	⑤
8	배우자가 죽은 후 홀로서기에 적응한다.	①	②	③	④	⑤
9	배우자와 백년해로를 꿈꾼다.	①	②	③	④	⑤

◆ 가족 내 역할 인식 발달과업 ◆

번호	항목	정도				
		전혀 아니다	아니다	보통이다	그렇다	매우 그렇다
유아기						
1	엄마와 논다.	①	②	③	④	⑤
2	형제들과 논다.	①	②	③	④	⑤
3	친척을 포함한 가족을 알아본다.	①	②	③	④	⑤
아동기						
1	숙제를 주도적으로 한다.	①	②	③	④	⑤
2	학교 갈 준비를 스스로 한다.	①	②	③	④	⑤
3	자기 방 정리정돈을 스스로 한다.	①	②	③	④	⑤
4	형제들과 잘 논다.	①	②	③	④	⑤
청소년기						
1	자기에게 중요한 일을 부모님과 상의한다.	①	②	③	④	⑤
2	자기 방 정리정돈을 스스로 한다.	①	②	③	④	⑤
3	자신의 가정에 대한 자부심을 갖는다.	①	②	③	④	⑤
4	형제자매와 잘 지낸다.	①	②	③	④	⑤
5	가정의 상황을 이해한다.	①	②	③	④	⑤
6	가족회의에 참여한다.	①	②	③	④	⑤
7	학업에 충실하여 부모의 기대에 부응한다.	①	②	③	④	⑤
20대						
1	가족의 기념일을 챙긴다.	①	②	③	④	⑤
2	가정의 대소사에 참여한다.	①	②	③	④	⑤
3	가족에게 신경 쓴다.	①	②	③	④	⑤
4	가정에 충실히 한다.	①	②	③	④	⑤
5	가족과 함께하는 시간을 갖는다.	①	②	③	④	⑤

6	배우자나 결혼에 대해 마음의 준비를 한다.	①	②	③	④	⑤
7	배우자 가족에 대해 적응한다.	①	②	③	④	⑤
8	결혼해서 새 가정을 만든다.	①	②	③	④	⑤

30대

1	자신 및 배우자의 부모들과 유대관계를 맺는다.	①	②	③	④	⑤
2	배우자를 이해해 준다.	①	②	③	④	⑤
3	가정생활에서 주인의식을 갖는다.	①	②	③	④	⑤
4	효도한다.	①	②	③	④	⑤
5	자녀교육을 한다.	①	②	③	④	⑤
6	자녀와 함께 놀아 주며 놀이지도를 한다.	①	②	③	④	⑤
7	이혼하지 않는다.	①	②	③	④	⑤
8	여가를 가족과 함께 보낸다.	①	②	③	④	⑤
9	자녀의 생활습관 지도를 한다.	①	②	③	④	⑤
10	결혼해서 새 가정을 만든다.	①	②	③	④	⑤
11	가족의 기념일을 챙긴다.	①	②	③	④	⑤
12	경제적으로 안정된 가정을 이룬다.	①	②	③	④	⑤
13	자녀를 출산한다.	①	②	③	④	⑤
14	집안 내 경조사를 챙긴다.	①	②	③	④	⑤
15	자녀의 학습지도를 한다.	①	②	③	④	⑤
16	자녀의 일상사를 챙겨 준다.	①	②	③	④	⑤

40대

1	행복한 가정을 만든다.	①	②	③	④	⑤
2	배우자에게 힘이 되어 준다.	①	②	③	④	⑤
3	가정생활에서 주인의식을 갖는다.	①	②	③	④	⑤
4	경제적으로 안정된 가정을 이룬다.	①	②	③	④	⑤
5	효도한다.	①	②	③	④	⑤
6	이혼하지 않는다.	①	②	③	④	⑤
7	여가를 가족과 함께 보낸다.	①	②	③	④	⑤
8	부모 및 배우자 부모와 유대관계를 맺는다.	①	②	③	④	⑤

9	자녀교육을 한다.	①	②	③	④	⑤
10	가족의 기념일을 챙긴다.	①	②	③	④	⑤
11	집안 내 경조사를 챙긴다.	①	②	③	④	⑤
12	부모세대의 유고를 대비한다.	①	②	③	④	⑤
13	부모를 부양한다.	①	②	③	④	⑤
14	자녀의 생활습관 지도를 한다.	①	②	③	④	⑤
15	자녀와 함께 놀아 주며 놀이지도를 한다.	①	②	③	④	⑤
50대						
1	가족 간의 분쟁을 예방하고 조정한다.	①	②	③	④	⑤
2	부모님의 건강을 챙겨 드린다.	①	②	③	④	⑤
3	배우자와 여행한다.	①	②	③	④	⑤
4	부모를 봉양한다.	①	②	③	④	⑤
60대 이후						
1	자녀들이 행복하기를 바란다.	①	②	③	④	⑤
2	배우자를 돕는다.	①	②	③	④	⑤
3	가족과 함께 여가생활을 한다.	①	②	③	④	⑤
4	배우자의 죽음에 대한 준비를 한다.	①	②	③	④	⑤
5	자녀를 결혼시킨다.	①	②	③	④	⑤
6	손자녀와 친밀한 관계를 맺는다.	①	②	③	④	⑤

저자 소개

여태철(Yeo, Taechul)
서울대학교 교육학과 교육심리학 전공(교육학 박사, Ph.D)
현 경인교육대학교 교육학과 교수

〈주요 저 · 역서〉
한국인의 삶(공저, 교육과학사, 2013)
인간의 학습(공역, 시그마프레스, 2017)
청소년 인성교육(공저, 한국방송통신대학교출판문화원, 2018)
교육심리학(공저, 한국방송통신대학교출판문화원, 2020)

김인규(Kim, Ingyu)
서울대학교 교육학과 교육상담학 전공(교육학 박사, Ph.D)
현 전주대학교 상담심리학과 교수

〈주요 저 · 역서〉
상담과 법(공저, 박영스토리, 2020)
상담 및 심리치료 대인과정접근(공역, 센게이지러닝코리아, 2020)
상담교육과정 구성과 평가(공역, 박영스토리, 2021)
상담행정과 정책(공저, 사회평론아카데미, 2021)

윤경희(Yoon, Kyunghee)
서울대학교 교육학과 교육심리학 전공(교육학 박사, Ph.D)
현 경남대학교 교육학과 명예교수

〈주요 저 · 역서〉
등교를 거부하는 청소년(공역, 학지사, 2013)
상담심리학 입문(공저, 공동체, 2013)
인간의 학습(공역, 시그마프레스, 2017)
인간발달과 상담(2판, 공저, 학지사, 2019)

이성진(Lee, Sung Jin)
미국 University of Kansas 교육심리학 전공(Ph.D)
현 서울대학교 명예교수

〈주요 저서〉
행동수정(교육과학사, 2001)
한국인의 성장 · 발달: 30년 종단적 연구(교육과학사, 2005)
교육심리학 서설(3판, 공저, 교육과학사, 2009)
한국인의 삶(공저, 교육과학사, 2013)

임은미(Lim, Eunmi)

서울대학교 교육학과 교육상담학 전공(교육학 박사, Ph.D)

현 전북대학교 교육학과 교수

〈주요 저 · 역서〉

다문화 사회정의 상담(공저, 학지사, 2019)

사회정의 교육으로의 초대(공역, 사회평론아카데미, 2019)

미래사회 진로교육과 상담(공저, 사회평론아카데미, 2020)

구성주의 진로상담기법(공역, 학지사, 2022)

다문화교육(공저, 학지사, 2022)

임진영(Im, Jin Young)

서울대학교 교육학과 교육심리학 전공(교육학 박사, Ph.D)

현 청주교육대학교 교육학과 교수

〈주요 저 · 역서〉

아동발달과 교육심리의 이해(공저, 학지사, 2010)

교육심리학(공역, 교육과학사, 2011)

선생님, 어디 계세요?(공저, 교육과학사, 2011)

한국인의 삶(공저, 교육과학사, 2013)

인간의 학습(공역, 시그마프레스, 2017)

인간발달과 상담(2판, 공저, 학지사, 2019)

황매향(Hwang, Maehyang)
서울대학교 교육학과 교육상담학 전공(교육학 박사, Ph.D)
현 경인교육대학교 교육학과 교수

〈주요 저 · 역서〉
사례에서 배우는 학업상담의 실제(사회평론, 2016)
정서와 학습 그리고 뇌(역, 바수데바, 2019)
삶의 의미를 찾아주는 상담자(공역, 학이시습, 2020)
테크놀로지와 상담의 미래(학이시습, 2021)
학업실패 트라우마 상담(학지사, 2021)
부모교육 및 상담(공저, 학지사, 2022)

한국인의 발달과업

Developmental Tasks of Koreans

2023년 2월 10일 1판 1쇄 인쇄
2023년 2월 20일 1판 1쇄 발행

지은이 • 여태철 · 김인규 · 윤경희 · 이성진 · 임은미 · 임진영 · 황매향
펴낸이 • 김진환
펴낸곳 • ㈜ **학지사**

04031 서울특별시 마포구 양화로 15길 20 마인드월드빌딩
대표전화 • 02-330-5114   팩스 • 02-324-2345
등록번호 • 제313-2006-000265호

홈페이지 • http://www.hakjisa.co.kr
페이스북 • https://www.facebook.com/hakjisabook

ISBN 978-89-997-2835-8 93370

정가 14,000원

출판미디어기업 **학지사**

간호보건의학출판 **학지사메디컬** www.hakjisamd.co.kr
심리검사연구소 **인싸이트** www.inpsyt.co.kr
학술논문서비스 **뉴논문** www.newnonmun.com
교육연수원 **카운피아** www.counpia.com